网络创新治理
与社会发展论丛

言传声教 知易行难

教育网络舆情研究报告

2015

王鲁峰 侯劭勋 等◎著

上海三联书店

网络创新治理与社会发展论丛

丛 书 主 编：王伯军
丛 书 副 主 编：王松华
丛书编委会成员：桂 勇 沈 逸 刘长喜
　　　　　　　　王鲁峰 侯劭勋 佘承云

本书作者团队

王鲁峰 侯劭勋 冯飞龙 王哲琦
王碧莹 甘继磊 俞圣杰 宋雨潇
高子君 孙 怡 李 雪 潘 晨

目录

三、典型案例

丛书序言

近年来,迅猛发展的互联网已经渗透到人们工作、生活与学习的方方面面,深刻地改变着人们的行为方式和思维模式,同时也给社会信息传播及舆论生态增加了复杂性和可变量,给社会治理和社会发展带来了新的挑战和命题。过去一段时间,由于网络管理规范化、制度化、科学化的配套建设未能随着网络的快速发展而得到及时补充与完善,甚至制度建设还相对落后,以至于网络戾气蔓延、情绪悲观、思潮跌宕、谣言四起、犯罪高发。这些负面能量在某种程度上,误导社会公众,诱发社会不安,严重影响网络空间有序发展和现实社会稳定进步。部分内容甚至与社会主流价值观和主流意识形态背道而驰。

面对互联网发展的涛涛洪流,国际竞争越来越转移到互联网人才、技术以及应用素养的竞争。为有效应对网络发展带来的严峻挑战,增强国家间竞争的核心能力,我国于2014年2月正式成立中央网络安全和信息化领导小组,并相继出台了系列制度与规范,以进一步加强网络空间的管理和建设。这标志着向网络强国目标迈进的国家战略予以制度化确立,并给网络空间注入了规则意识与发展活力,是国内互联网发展在弘扬主旋律、激发正能量、培育和践行社会主义核心价值观的进程中跨出的一大步。

为适应互联网变化发展的新形势、新特征、新趋势,以便更好地认识、探索与运用网络规律,上海开放大学信息安全与社会管理创新实验室规划出版系列丛书——《网络创新治理与社会发展论丛》。这套丛书将关注有关网络热点话题,特别是有关医疗、卫生、教育、环保、食品安全等民生议题,有关网络形势、网络空间治理与网络社会发展等宏观问题。具体讲,一是关注互联网发展最新业态、特征与规律;二是关注互联网发展给相应制度建设与管理工作带来的机遇与挑战;三是关注互联网变化发展对网络应用群体提出的技能与素养要求;四是关注应用互联网开展教育实践工作的探索与经验等。

这些内容是上海开放大学信息安全与社会管理创新实验室作为一个专业化的互联网研究机构对相关领域、相关问题进行分析和研究梳理的成果,也是开展相关人员培训的实践探索成果。这些成果在一定程度上反映了网络发展以及实践探索工作的最新动态、特征和规律。我们希望本套丛书能够给广大读者提供认识互联网的新视角,能够更好地把握互联网变化发展的新常态,更好地把握互联网变化发展的内在规律,更加纯熟地掌握和使用互联网应用技巧,以此来服务我们的工作、生活和精神世界,也期望能够启发读者的思考,以新思维和新模式来认识网络、运用网络。

王伯军

（作者系上海开放大学副校长）

一、年度报告

多元碰撞：新视野　新期待　新理念

——2015教育网络舆情年度报告

一、前言

教育不仅代表了一个国家未来发展的能力，更与人们的生活息息相关。加尔布雷思曾说："一个国家的繁荣，不取决于它的国库之殷实，不取决于它的城堡之坚固，也不取决于它的公共设施之华丽，而在于它的公民的文明素养，即在于人们所受的教育，人们的远见卓识和品格的高下。"而且教育过程因其特殊性，呈现出参与人数多、参与过程长、参与人与教育事业的利益相关程度高的三大特点，因此不论是官方还是民间的舆论场都对教育给予了极大的关注。

互联网的兴起，打破了舆情传播和发言的界限，传统媒体纷纷向线上转型、社交网络发展繁荣，在网络中人人都能"睁眼看世界"、人人都有"麦克风"，普通民众都成为潜在的参与者和意见表达者，他们在网络媒体上的互动很容易推动某个事件或者问题成为一个重要的公共议题。因此，就当下舆情运行的状况而言，网络舆情成为了社会舆情的重要组成部分，甚至在一定程度上构成了社会舆情的主要表现形式。

关注广受关注的教育话题在互联网中的舆情态势和内在逻辑，不仅有利于了解民意，实现教育决策的科学化；而且有利于提高教育领域的危机干预水平；更有利于进行舆论引导，维护和提升教育主体的形象。本研究报告对2015年教育网络舆情总体态势进行描述与分析,以期向读者展现 2015 年的舆情究竟有怎样的特征,各行动主体又在舆情发展和波动中扮演着怎样的角色。

二、研究设计①

(一) 样本选取

本研究综合考虑了各类新闻媒体和社交平台,采集全年的热点教育舆情事件,然后通过特定的测量指标进行计算和筛选,最终选出研究样本。

1. 测量指标

本研究的测量指标分为烈度和震级两大类,其中烈度体现舆情事件在舆论场中的热度,震级则彰显事件内涵及其对教育领域的影响程度。

(1) 舆情烈度

舆情烈度主要用来测量舆论场内的各方对舆情的关注程度,由以下四个二级指标构成:

A. 发布量。以百度、微信、微博为平台,以事件名为关键词进行抓取,记录百度新闻发布量、微信文章发布量、微博发布量。

B. 反馈量。考察舆情热度不仅只考虑网民和媒体的发布量,还应考虑网民的反馈。在微博平台上,对事件的转发、回复、点赞都代表了网民对事件不同的关注度。在综合考量了活跃度和粉丝量之后,选取了"@人民网"和"@头条新闻"两个微博账号作为反馈量的来源,这两个微博账号的日均活跃次数超过 50

---

① 本研究的研究设计参考《从"一边倒"到"渐思考"医疗卫生行业网络舆情研究报告(2014)》。

次①，粉丝量分别在 3 109 万和 4 648 万②，反馈量由两大微博账号的转发、评论、点赞三项数据组成。

C. 持续时间。持续时间反映舆情事件在网络中热议的时间长度，开始时间即为初次曝光时间，结束时间为"新浪微博搜索发布条数"超过 5 的最后一天，计算二者差值。

D. 引爆速度。引爆速度反映舆情事件掀起舆论热议的速度，分别抓取舆情事件初次曝光时间和高涨时间，其中高涨时间为"新浪微博搜索发布条数"的初次峰值，计算二者差值。

（2）舆情震级

舆情震级用来测量舆情对场域的冲击力度，体现舆情事件自身的重要程度，在此依据辐射等级将事件震级分成三个等级，Ⅰ级事件的讨论仅局限于个体行为，Ⅱ级事件引起对群体的关注，Ⅲ级事件则上升至体制层面。

2. 指标赋值

本研究将以上指标量化，经过权重赋值和加总计算，最后得到舆情事件的总舆情指数，通过该指数可以对舆情事件进行比较和排序。本研究的研究角度重点关注舆情，而非事件本身，因此给予烈度 80% 的赋值比重，同时为了防止遗漏部分对教育行业本身影响力较大但并未引起足够热议的事件，给予震级 20% 的比重。

---

① 即每天发微博超过 50 条。
② 数据来源："@人民网"、"@今日头条"，采集日期：2015 年 12 月 16 日。

表1 教育舆情事件舆情指数计算示意表

一级指标	赋值比重	二级指标	赋值比重
烈度	80%	发布指数	30%
		反馈指数	30%
		持续指数	10%
		引爆指数	10%
震级	20%	辐射等级	20%

烈度的三级指标赋值和计算方法如下:

表2 教育舆情事件烈度指数计算示意表

二级指标	赋值比重	三级指标	赋值比重
发布指数	30%	百度新闻	10%
		微信文章	10%
		微博发布	10%
反馈指数	30%	转发	15%
		评论	10%
		点赞	5%

A. 发布指数

发布指数 = 百度新闻发布指数 + 微信发布指数 + 微博发布指数

百度新闻发布指数 =(百度新闻发布量 / 百度新闻年度平均发布量[①])× 10

微信文章发布指数 =(微信文章发布量 / 微信文章年度平均发布量)× 10

① 本研究采集的所有事件的百度新闻平均发布量。

微博发布指数 ＝（微博发布量／微博年度平均发布量）×
10

B. 反馈指数

反馈指数在此选取"人民网"和"头条新闻"两大微博账号进行计算。对于一方没有发布该事件的情况，用两个账号年度平均转发/评论/点赞量的比值来进行估算。[①]

反馈指数 ＝ 转发指数 ＋ 评论指数 ＋ 点赞指数

转发指数 ＝〔（"@头条新闻"转发量 ＋"@人民网"转发量）/（"@头条新闻"年度平均转发量 ＋"@人民网"年度平均转发量）〕×15

评论指数 ＝〔（"@头条新闻"评论量 ＋"@人民网"评论量）/（"@头条新闻"年度平均评论量 ＋"@人民网"年度平均评论量）〕×10

点赞指数 ＝〔（"@头条新闻"点赞量 ＋"@人民网"点赞量）/（"@头条新闻"年度平均点赞量 ＋"@人民网"年度平均点赞量）〕×5

C. 持续指数

持续指数 ＝ 持续系数 × 10

表3　时间持续指数系数赋值参照表

持续时间（天）	持续系数
1	0.1
2—3	0.2
4—7	0.4

---

① 通过现有数据计算出"@人民网"和"@头条新闻"转发、评论、点赞的年度平均值的比值，然后用该比值估计其中一方未发布导致的空缺数值。

持续时间(天)	持续系数
8—15	0.6
16—30	0.8
>30	1

D. 引爆指数

引爆指数 = 引爆系数 × 10

表 4　时间引爆指数系数赋值参照表

引爆速度(天)	引爆系数
0—1	1
2—3	0.8
4—7	0.6
8—15	0.4
16—30	0.2
>30	0.1

震级则依据辐射等级的不同,赋予不同的震级系数。

震级指数 = 震级系数 × 20

表 5　震级指数系数赋值参照表

辐射等级	震级系数
Ⅰ级	0.5
Ⅱ级	0.75
Ⅲ级	1

根据以上指标体系和计算方法,最终筛选出 110 个事件作为研究样本,作为后续分析的基础。

（二）数据库构建

为对样本进行更加系统的特征分析，本研究构建了教育网络舆情数据库，对 110 件教育舆情事件进行信息收录。主要包括：

1. 事件基本属性

事件基本属性包括曝光时间、发生地点和事件类型。其中事件类型包括考试招生、意识形态、师风师德、学生表现、校园安全、行政贪腐、学业课程、教育管理、家庭教育、其他，总计十种类型。[①] 事件类型的界定如下：

考试招生：考试招生过程中发生或因考试招生而引发的事件，如"明年高考 25 省统一命题"[②]；

意识形态：教育领域对于意识形态进行强调和控制的事件，如"教育部：绝不能让传播西方价值观念教材进课堂"[③]；

师德师风：教师群体言行引发关注的事件，如"教师性侵 15 名小学男生"[④]；

学生表现：学生群体言行引发关注的事件，如"贵州毕节 15 岁留守学生被围殴致死"[⑤]；

[①] 新华网：借鉴《2014 年度中国教育行业舆情报告》分类，本书写作时有部分调整。采集日期：2015 年 9 月 27 日。http://education.news.cn/2014-12/05/c_127279418_2.htm

[②] 韩旭、张然，京华时报，明年高考统一命题扩大到 25 省。采集日期：2016 年 1 月 9 日。http://epaper.jinghua.cn/html/2015-03/09/content_175982.htm

[③] 京华时报，教育部：绝不能让传播西方价值观念教材进课堂。采集日期：2015 年 12 月 28 日。http://news.jinghua.cn/351/c/201501/30/n3933050.shtml

[④] 杨峰、马金凤，新京报，云南教师性侵 15 男学生续：两女生是否受害警方保密。采集日期：2015 年 1 月 9 日。http://www.bjnews.com.cn/news/2015/01/04/348535.html

[⑤] 周宽玮、曾静瑜，澎湃新闻，毕节 15 岁留守学生遭多名同学拖出学校围殴致死。警方正调查。采集日期：2015 年 1 月 9 日。http://www.thepaper.cn/newsDetail_forward_1353640

校园安全：校园内发生的意外事故，如"南昌大学食堂天花板坠落致 2 名学生骨折"①；

行政贪腐：滥用行政权力谋取私利的事件，如"中国传媒大学高层地震：8 人违纪　正副校长被免"②；

学业课程：与学生学业课程设置相关的事件，如"政协委员建议高中两年制"③；

教育管理：与校内师生日常管理相关的事件，如"衡水中学纪律严过军营　有学生和衣睡 3 年"④；

家庭教育：发生在家庭教育环节的事件，如"南京虐童案"⑤。

2. 舆情生命周期

舆情生命周期包括引爆时间、高涨时间、波动时间、淡化时间、总天数和波动特征。

3. 涉事主体

涉事主体包括两部分，一部分是曝光主体，分为媒体和个人；另一部分是网民的评价涉及的主体，包括媒体、政府、学校、老师、学生、家长、网民，网民对这些主体的正面、负面、中性评价⑥综合形成主体口碑，在此基础上形成网民口碑榜，将在后文

---

① 叶新阔,中国江西网：南昌大学食堂天花板坠落致 2 名学生骨折,出事食堂已关停。采集日期：2015 年 1 月 1 日。http://jiangxi.jxnews.com.cn/system/2015/05/01/013831520.shtml

② 新京报,中传被通报党委书记：做政治上明白人。采集日期：2015 年 12 月 28 日。http://epaper.bjnews.com.cn/html/2015-11/26/content_609740.htm? div=-1

③ 葛蕾,中国网,政协委员杨占秋：建议高中两年制　高三浪费资源。采集日期：2015 年 12 月 28 日。http://edu.china.com.cn/2015-03/11/content_35023385.htm

④ 高逸平,今日早报,崔永元：衡水中学纪律严过军营　有学生和衣睡 3 年。采集日期：2015 年 12 月 28 日。http://edu.ifeng.com/a/20150311/41004806_0.shtml

⑤ 顾敏,新华日报：南京虐童案养母被提起公诉。采集日期：2015 年 12 月 28 日。http://xh.xhby.net/mp2/html/2015-07/21/content_1282533.htm

⑥ 评价来自于新浪微博用户"头条新闻"或"人民网"发布的微博下网民的热门评论,从中抽取前十条进行统计。

具体呈现。

三、2015 年教育网络舆情事件特征

（一）事件分布

事件分布包括事件的类型分布、时间分布、地点分布、阶段分布四个维度。

1. 类型分布：学生表现与教育管理类领衔，对学生群体的关注度最高

从事件数量上看，学生表现类事件最为高发，共计 23 件，占总数的 20.9%；其次是教育管理类事件，占比 14.6%；学业课程类事件紧随其后，占比 12.7%。这三类事件都与学生密切相关，这可能是因为学生是教育活动的主要受众，是最重要的利益相关者，也是反映了教育水平的一面镜子，因此时刻受到网民的关注。

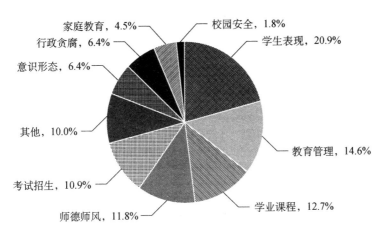

图 1　2015 年教育舆情事件类型分布图

从舆情烈度上看，平均烈度得分最高的三种事件类型分别为

家庭教育、意识形态、其他。家庭教育类虽然在事件数量上仅居倒数第二,但是在所有类型中平均烈度得分最高,主要原因在于该类型事件少而重大,该分类 5 个事件当中包含"贵州 4 名留守儿童喝农药自杀"[1]"南京虐童案"2 个重大事件,波折多,持续时间长,聚焦了大量媒体和网民的关注。意识形态类事件则是在新闻报道量和微博转发量上具有优势,因此得到高分。其他类事件虽然属于"非典型",复杂多样,性质特殊,难以划分到某个特定类型,但是每个事件都是备受关注的。该类型当中包含"复旦宣传片抄袭"[2]"最悲伤作文""BBC 纪录片:中国老师教英国学生"[3],分别引起了网民对名校举动、教育缺位、中外教育对比的热烈讨论。而校园安全类事件则在数量上和烈度排行上都列末位,这可能是因为 2015 年校园安全事故并未引起严重的人员伤亡。

表 6　各类型事件舆情烈度排行

事件类型	平均烈度	典型事例
家庭教育	162.8	南京虐童案
意识形态	126.0	教育部监管"洋教材"
其他	122.3	最悲伤作文[4]
考试招生	102.9	明年高考 25 省统一命题
教育管理	96.1	衡水中学纪律严过军营

---

[1] 周婷婷,澎湃新闻:贵州 4 名留守儿童疑在家农药中毒身亡,父亲在外打工联系不上。采集日期:2015 年 1 月 1 日。http://www. thepaper. cn/newsDetail_forward_1340413

[2] 吴振东,复旦大学官方就宣传片抄袭事件致歉　将严肃处理。采集日期:2016 年 1 月 9 日。http://news. xinhuanet. com/local/2015-05/31/c_1115461327. htm

[3] 王蔚,"中国式教学"让英国学生抓狂? 采集日期:2016 年 1 月 9 日。http://xmwb. xinmin. cn/xmwb/html/2015-08/06/content_5_1. htm

[4] 新华网,大凉山老师分享最悲伤小学作文　看完只剩心疼(图)。采集日期:2016 年 1 月 1 日。http://www. chinanews. com/gn/2015/08-04/7446602. shtml

续 表

事件类型	平均烈度	典型事例
学生表现	93.5	贵州 15 岁留守学生被围殴致死
师德师风	85.6	教师性侵 15 名小学男生
行政贪腐	65.3	中国传媒大学 8 人违纪
学业课程	64.2	政协委员建议高中两年制
校园安全	43.9	南昌大学食堂天花板坠落

综合全年的舆情事件，本研究发现师生群体和高考是一如既往的舆论热点，对意识形态的强调和对足球教育的政策则是2015 年的新特点。

（1）学生表现与师德师风：负面成主流，暴力引关注

学生和教师是教育事业中的两个基本细胞，学生表现类与师德师风类事件总计 36 件，占事件总量的近三分之一（32.7%），其中学生表现类 23 件，师德师风类 13 件。从事件性质来看，负面事件占比大，共 26 件，占 72.2%，负面事件中又以暴力伤害（含性侵）为最主要的舆论热点，在负面事件中超过六成（65.4%）。在 17 件暴力伤害事件中，发生于学生之间的校园暴力为 10 件，说明学生之间的校园暴力仍是此类事件的多发类型，后续的专题研究表明，学生间的校园暴力还呈现出女性化、低龄化、欺虐化的趋势；发生在师生之间的为 7 件，其中，学生向教师施暴 2 件，教师对学生施暴 4 件（2 件为性侵）。此外，在"河南信阳一中学男老师和女学生课堂互殴①"中，双方均为施暴者。

在师生之间的互动事件中，网民并没有表现出特定的偏

---

① 人民网，信阳一中学男老师和女学生课堂互殴 女生惨叫。采集日期：2016 年 1 月 9 日。http://tv.people.com.cn/n/2015/0420/c39805-26870797.html

向,对于对错分明的事件,网民舆论往往立场鲜明,对何为过错方能够达成共识,与媒体的立场也普遍一致。对过错方有所争议的 4 项事件中,网民也较为理性,未表现出针对某一方的舆论偏向。如在"人大学生朋友圈批前辈 导师公开信断绝师生关系"①事件中,网民"@家言明语"在"@头条新闻"微博②中的回复"导师无肚量,学子欠思量!"获得了 313 次点赞。

(2)考试招生:高考为核心,公平成诉求

在考试招生类事件中,高考以超过 80% 的占比成为了毋庸置疑的舆论核心。此类事件中仅有"美国'中考'取消中国考生成绩"③与"中国多地考生雅思成绩被取消"④两件海外考试事件与高考无关。

而在以高考为核心的考试招生类事件中,对教育不公的质疑尤为显著。针对高考这个议题,公众不仅认为当下的考试招生方式存在不公,对本致力于维护考试公平的手段也颇有微词。在"明年高考 25 省统一命题"事件中,大多数网民都持"同卷不同命"的观点,在"@头条新闻"的微博⑤下,"@小小鱼_waifry"表示"你敢不敢统一分数线?! 不敢,就算统一命题又如何?""北

---

① 林夏:"中国人民大学历史学院教授发公开信与弟子断绝师生关系"。采集日期:2016 年 1 月 9 日。http://www.thepaper.cn/newsDetail_forward_1377524
② 数据来源:"家言明语"9 月 21 日回复。采集日期:2016 年 1 月 9 日。http://weibo.com/1618051664/CBzu4ebtf? filter=hot&type=comment#_rnd1452327998693
③ 陶短房,京华时报,京华时报:美国取消中国区中考成绩无关诚信。采集日期:2016 年 1 月 9 日。http://opinion.people.com.cn/n/2015/1022/c1003-27727355.html
④ 韩晓蓉,澎湃新闻,雅思彻查 7 月以来中国考生成绩。宣布永久扣发 350 人成绩。采集日期:2016 年 1 月 9 日。http://www.thepaper.cn/newsDetail_forward_1384795
⑤ 数据来源:"头条新闻"3 月 8 日微博。采集日期:2016 年 1 月 9 日。http://weibo.com/1618051664/C7C4jvQQN? filter=hot&type=comment#_rnd1452340041285

京四分之一考生能上一本公平吗？"①事件中，对教育不公的声
讨还上升到了地域矛盾的层面，以"@188KKK"为代表的很多
网民表示"北京户口就高人一等怎么着，地域保护对其他苦读的
学子太不公平。"②另一方面，原本是以促进教育公平为目标的
"清华北大降分特招农村考生　清华最多降65分"③事件，同样
受到了普遍的质疑。部分网民认为此举提供了"走后门"进入北
大清华的又一途径，如"@肖倩Queenie"所说"这到时候有钱人
家的孩子又去弄个农村户口"；同时，部分网民表示直接降分的
手段并不能真正体现公平，网民"@野渡西樵"表示"虽然我也是
农村出来的，但是觉得这种直接给农村考生降分的方法不合适，
教育部应该努力促成农村和城市教育资源的公平分配，给农村
和城市考生同样的上升机会。而不是让城市的孩子觉得自己的
出身有'原罪'"。

　　此外，特定在高考季发生的周期性事件，如舞弊，也一如既
往地受到关注。继去年央视曝光河南开封高考大规模替考案
后，今年又爆出江西南昌有组织替考的事件。在"南昌高考替
考"④事件中，记者卧底替考组织参与高考，当《南方都市报》在
微信和微博平台上发布"重磅！南都记者卧底替考组织此刻正
在南昌参加高考"时，第一场语文考试正在进行，舆论顿时一片
哗然，短短两小时，该文章在微信中的阅读量便超过了10万。

---

① 郑州晚报，代表：河南考生进北大比北京难30倍　严重不公平，采集日期：2016年1
　月9日。http://www.chinanews.com/edu/2015/03-09/7111067.shtml
② 数据来源："头条新闻"3月10日微博，采集日期：2016年1月9日。http://weibo.
　com/1618051664/C7Uhd0jPT? type＝comment＃_rnd1452852857339
③ 北京晨报：清华首次接受农村考生自荐　北大"筑梦"计划启动单独报名　两校错峰
　测试，采集日期：2016年1月9日。http://bjcb.morningpost.com.cn/html/2015-04/
　16/content_342441.htm
④ 新浪微博"@南方都市报"，重磅！南都记者卧底替考组织此刻正在南昌参加高考，采
　集日期：2015年10月31日。http://weibo.com/1644489953/ClqbVzdtA

（3）意识形态：高校为重点，民众存质疑

意识形态类事件占据烈度排行的第二位，2015 年，以教育部为代表的中央政府相关部门十分重视对学生意识形态的管理，尤其是针对高校学子的思想教育；此类事件中半数针对高校，包括高校建设、研究生考试、辅导员选拔各个层面。而在此之外，中小学各个阶段也同样有所涉及。

对这类事件，媒体往往表现出非常中立的态度，仅仅是传达基本内容，但是民众的讨论中不乏针对此类事件的质疑声音。在"教育部：绝不能让传播西方价值观念教材进课堂"、"小学生背不出社会主义核心价值观　校长被全市通报批评"①的新闻中，网民纷纷产生质疑，给出负面评价，仅有"南开校长：意识形态工作不能走到另一极端"②获得大量网民支持，"@唐元明微博"表示"终于见到一位不背文件、人云亦云的校方掌门人了"。

（4）学业课程：教育改革受关注，足球教育成焦点

学业课程类事件在数量排行中居第三位，其中，课程改革是网民关注的一个焦点。名人专家对现存教育制度的质疑与改革提议受到网民的追捧。"王旭明：现在语文课至少有一半不该学"③，"院士：小学生学奥数除了加重负担没别的用处"④提出对传统重要学科语文、数学教学内容的批判；"姚明：有很多孩

---

① 易其洋，宁波日报，小学生背不出"核心价值观"是多大的事，采集日期：2015 年 1 月 9 日。http://daily.cnnb.com.cn/nbrb/html/2015-11/06/content_908256.htm? div=-1

② 贺迎春，人民网，南开校长：意识形态工作不能走到另外一个极端，采集日期：2015 年 1 月 9 日。http://edu.people.com.cn/n/2015/0209/c1006-26532151.html

③ 人民网，语文课"至少一半不该学"难以服人，采集日期：2015 年 1 月 9 日。http://o-pinion.people.com.cn/n/2015/0120/c1003-26418433.html

④ 现代快报，成才不是百米冲刺，而是一场马拉松，采集日期：2016 年 1 月 9 日。http://kb.dsqq.cn/html/2015-03/14/content_388713.htm

子的体育真是语文老师教的"①指出了广泛存在的中小学体育课被"主课"老师抢占的现象，提倡副科教学专业化；"政协委员建议高中两年制"一类对教育制度变革的提议则引发了网民对教育制度的声讨。可以看到，网民对于教育改革的需求十分迫切，然而实际需求很难得到满足，切实的政策少有出台，更多的是各界的建议与意见，这些建议使得网民的意志有了发声的出口。

　　另一项引发广泛热议的课程改革类焦点在于足球。2015 年教育舆情事件中共有 8 件与足球相关。在总书记关于大力发展中国足球的计划方案指导之下，教育领域从上至下响应号召，足球开始进入校园，渗透进教育的每一个阶段与层面，从中小学教育阶段的"江苏规定从幼儿园到高中必学足球"②到高等教育阶段"中国高校出现'足球系'"③，从课程到制度各个层面的"人教社编成首部中小学足球教材"④，"足球学习拟纳入学生档案"⑤；不仅高考为足球"亮绿灯"、"会踢球可降 20 分上清华"⑥，还出现了专门的足球学校"响应国家号召河南成立少林足球武校"⑦。

　　然而对于这些颇显"强制性"的足球教育，网民的态度却显

---

① 新民网，政协委员姚明：现在很多孩子的体育是语文老师教的，采集日期：2015 年 1 月 9 日。http://www.chinanews.com/gn/2015/03-06/7107908.shtml
② 扬子晚报，江苏省教育厅：从幼儿园到高中江苏孩子"必修"足球，采集日期：2015 年 1 月 9 日。http://www.yangtse.com/jiaoyu/2015-11-13/702832_4.html
③ 徐杨祎，中国新闻网，成都体育学院足球运动系挂牌成立　系中国高校首开，采集日期：2015 年 1 月 9 日。http://www.chinanews.com/ty/2015/07-14/7404863.shtml
④ 北京青年报，人教社编成首部中小学足球教材，采集日期：2015 年 1 月 9 日。http://news.xinhuanet.com/book/2015-03/11/c_127568046.htm
⑤ 新华网，学生综合素质评价拟纳入"足球学习情况"，采集日期：2015 年 1 月 9 日。http://sh.xinhuanet.com/2015-08/13/c_134512061.htm
⑥ 张晓鸽，京华时报，清华复招男足高水平运动员拟招 12 人一本线下 20 分录取，采集日期：2015 年 1 月 9 日。http://epaper.jinghua.cn/html/2015/03/23/content_181922.htm
⑦ 李志全，中国新闻网，"少林足球"在河南登封成立，采集日期：2015 年 1 月 9 日。http://www.chinanews.com/sh/2015/11-10/7615931.shtml

示出普遍的不满。网民"@萱萱灰涟薇"的意见"真的,真的不是所有人都喜欢足球的"得到不少网民的支持,也有网民认为此举是为了迎合高层喜好而忽略了现实,提出了对政府与官员的质疑。足球相关事件中仅有"广州副市长:足球踢得再好　中高考也不加分"①得到了普遍的支持与赞同,在该事件中广州副市长表达了教育应去除功利性的观点。

2. 时间分布:与教学周期同步,开学与高考季频发

本研究汇总了从 2015 年 1 月 1 日至 11 月 30 日的 110 个教育舆情事件,总体集中于上半年,并且与教学周期呈现明显的相关性。季度分布上,第一、二季度事件共 76 件,占总数的 69.1%,其中第一季度舆情事件爆发最多,以 39 件占比35.5%。第二季度紧随其后,以两件之差排名次之,占 33.6%。第三、第四季度分别占 20%、10.9%。

从具体月份分析舆情事件特征:1 月份,舆情事件种类繁多,教育部相继发布"中办国办要求加强高校宣传思想工作"②等数项政策。2 月份正值寒假,舆情事件数量随之锐减。3 月份不仅是开学之际,也正逢全国两会召开时,出现了许多与教育相关的提案和讨论,舆情事件呈现一个高峰。随着时间的推移,舆情事件数量在 4、5 月份渐渐下降。而 6 月份由于举国关注的高考开始,事件数量迎来了第二个高峰,这个高峰因为暑假的到来在接下来的两个月中逐渐消减。到了 9 月份学生重返校园的时点,舆情事件在数量上又迎来了一个高峰,此时存在一些在秋季

---

① 南方教育时报,广州副市长:足球踢得好中高考也不加分,采集日期:2015 年 1 月 9 日。http://szjy.sznews.com/html/2015-03/27/content_3179888.htm。
② 郑德涛,中国教育报,切实增强新形势下高校宣传思想工作的针对性和实效性,采集日期:2015 年 1 月 1 日。http://paper.jyb.cn/zgjyb/html/2015-02/06/content_430544.htm?div=-1

学期伊始时特定出现的舆情事件,如"天津大学开'恋爱课'学以致用者可酌情满分"①、"河北高校领导乘皮卡检阅军训方阵新生高喊首长好"②。10 月份,教育舆情事件在正常消退的同时,由于国庆假期的影响形成了一个低谷。

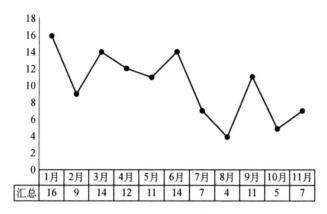

	1月	2月	3月	4月	5月	6月	7月	8月	9月	10月	11月
汇总	16	9	14	12	11	14	7	4	11	5	7

图 3　2015 年教育舆情事件月度分布图

3. 地点分布：东部数量占比最大,三大区域各有特点

2015 年教育舆情事件波及 24 个省、自治区、直辖市,有 3 件发生在海外。在区域分布上,东部发生的教育舆情事件数量最多,共 39 件,占总数的 35.5%。中部、西部、全国范围的事件数量比较接近。从震级上看,全国性事件影响力显著超过其他事件,三大区域的震级差别不大。全国性事件的平均震级为 15.6,而东部、西部、中部分别为 11.4、11.1、10.8。

全国性事件中,以对教育部所下达的政策意见占主导,主要

① 张道正,中国新闻网,天津大学开"恋爱课"学以致用者可酌情满分,采集日期：2015 年 1 月 1 日。http://www.chinanews.com/sh/2015/09-20/7534016.shtml
② 新京报,领导乘皮卡"检阅"新生　官方称不违规,采集日期：2015 年 1 月 1 日。http://epaper.bjnews.com.cn/html/2015-09/15/content_598100.htm?div=-1

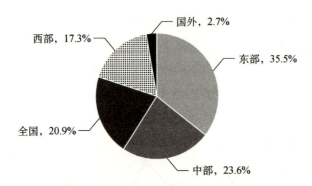

图 4　2015 年教育网络舆情事件区域分布图

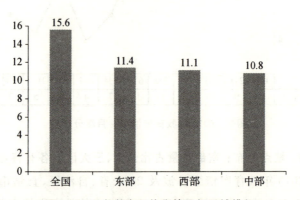

图 5　2015 年教育网络舆情震级区域排行

集中在考试招生、学业管理、意识形态三类，这三类事件占所有全国性事件的 77.3%。2015 年，全国性事件中有 5 件是在全国"两会"期间提交的提案或建议。各区域发生的事件也呈现出不同的特点，东部聚集各类知名院校，名校事件激起舆论热潮；中部聚焦课业与高考；西部则是由教育缺位引发的恶性事件及暴力伤害事件多发。

（1）东部：名校事件，北京多发

发生在东部的 39 件教育舆情事件中，其中有 11 件集中在北京，占比 28.2%。无论是在东部范围内，还是从全国来看，北

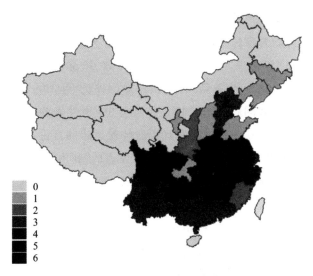

图 6　2015 年全国各省教育舆情数量分布图

京都是舆情事件发生最多的省份，占全部事件的比重为 10%。北京的教育舆情事件大多发生在高校当中，涉及的高校有北大、清华、人大、农大、民大、中传，其中单单与清华北大相关的舆情事件就出现了 3 次。这是因为北京高校云集，尤其是名校云集，人们对名校存有特定的认知和期待，其一举一动都备受关注，当他们做出有违民众认知的行为，如"清华北大抢生源微博互掐"①时，往往会引起舆论的轩然大波。

（2）中部：聚焦中学，河南频现

中部地区的舆情事件同样与高等教育紧密关联，但与东部不同的是后者以高校为主，前者更多是作为生源的输出方，因此以高考升学率闻名的高中，如安徽六安毛坦厂中学与湖北黄冈中学，也在中部受到更多的舆论关注。在中部地区当中，河南省

① 澎湃新闻，北大清华四川招生组今晨激烈舌战，均指责对方花钱"买"考生，采集日期：
2016 年 1 月 7 日. http：//www. thepaper. cn/newsDetail_forward_1346160.

发生的舆情事件共 9 起,为东部地区最多,全国排名第二。在河南发生的教育事件中,还呈现出舆情易上升到地域矛盾层面的特点。在"河南一所大学忘开必修课致 60 余名学生无法毕业"[①]事件中,"@头条新闻"的微博热门评论[②]前 20 条中有 14 条在讨论地域问题,有如网民"@寒士 96"所发表的"再次告诫大家,远离河南"此类对河南有强烈歧视意味的言论,也不乏如网民"@被温柔杀死了 de 九命怪猫"发表的"我不是河南人。我不明白这个新闻的重点应该是大学吧,而不是河南。而且每个地方都有好人,每个地方也都有不好的人。所以说地域歧视也是醉醉的"此类与之针锋相对的意见。不过网民的态度呈现出明显的倾向,14 条讨论中有 10 条是反对地域歧视的。

(3)西部:教育缺位,贵州常见

由贫困导致的家庭缺位和教育盲区所引发的舆情事件则集中在西部。四川大凉山女孩儿木苦依五木所写的一篇怀念母亲的作文被网民称为"最悲伤作文"。而仅在贵州毕节一处,一年内就发生了"贵州 4 名留守儿童疑喝农药集体自杀"、"贵州毕节 15 岁留守学生被围殴致死"、"贵州毕节小学校长性侵 6 名幼女"[③]三起事件,将留守儿童问题推向了舆论高峰。

2015 年教育网络舆情事件中有 3 件发生在海外,其中有 2 件为中国留学生的校园欺虐事件,"中国留学生在美国成立'城

---

① 大河网,河南政法财经大学就忘开必修课情况说明,采集日期:2016 年 1 月 7 日。http://news.dahe.cn/2015/04-18/104792152.html.

② 数据来源:"头条新闻"4 月 18 日微博,采集日期:2015 年 1 月 7 日。http://weibo.com/1618051664/CdN9agBDJ?type=comment#_rnd1452851766876

③ 长江新闻,贵州毕节小学校长性侵 6 名幼女 一审获死刑,采集日期:2015 年 1 月 9 日。http://ndapp.oeeee.com/app.php?m=News&a=show&id=35563&ndfrom=tuijian

管帮'恐吓打人"①、"留美女学生殴打同伴"②，均引起了国内的广泛关注。国内网民对于在海外留学的中国学子仍保有中国学生的认同，同时，留学生的角色也引发网民的仇富仇权心态，网民的评论中不乏对留学生家庭背景的质疑，在"@头条新闻"关于"城管帮"的微博③下，网民"@H_King"评论道："密西根州立大学是美国常青藤大学之一，这些人是怎么进去的？赞助？他们的背景我更好奇，希望大家深挖。"

4. 阶段分布：各阶段均有分布，高等教育近半数

从舆情事件所发生的阶段来看，2015 年教育事件可划分为学前教育、初等教育（义务教育阶段）、中等教育（高中、技校、中专阶段）、高等教育（大学及以上阶段）四个教育阶段。

其中，发生在高等教育阶段的事件数量为 47 件，占总数的 43%，说明当今教育领域最多发、最受关注的事件集中在高校当中。其次为初等教育阶段，占比 24%，在初等教育阶段，暴力伤害类的恶性事件大量集中，在 27 件中占了 11 件，初等教育阶段也是所有教育阶段中，暴力伤害事件最为多发的阶段。中等教育阶段事件占总事件的 17%，位居第三，在以高中为主的中等教育阶段，高考以近半数（47.4%）的比重成为了人们最为关心的议题。

（二）舆情走势特征

本研究将舆情的走势分为快热快消、快热慢消、慢热快消、慢热慢消、一波三折等五类。研究发现舆情走势主要以快热快

① 吴艳洁，澎湃新闻，中国留学生在美被控成立"城管帮"，组团斗殴及恐吓他人，采集日期：2015 年 1 月 9 日。http://www.thepaper.cn/newsDetail_forward_1300157
② 凤凰资讯，女留学生在美遭同伴绑架：被十几人扒光衣服围殴（图），采集日期：2015 年 1 月 9 日。http://news.ifeng.com/a/20150611/43954812_0.shtml?f=hao123
③ 数据来源："头条新闻"2 月 2 日微博，采集日期：2015 年 1 月 9 日。http://weibo.com/1618051664/C2qDt3txn?filter=hot&type=comment#_rnd1452747264805

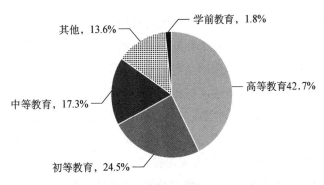

图 7 2015 年教育网络舆情事件阶段分布图

消为主,快热快消事件共计 74 件,占 67.3%;慢热慢消事件最少,仅有 1 件。快热快消为主的特征与教育舆情事件中主体对错分明、争议或反转的事件少有关。本部分将从舆情的引爆时间和持续时间两方面来进一步阐述舆情走势的特征。

1. 引爆①特征:总体引爆快,以媒体报道为主

本研究发现从数据库整体呈现出的趋势来看,教育舆情事件引爆快,61.8%的事件引爆时间都为 0 天,即在网上一经曝光就引爆,还有 30%的事件引爆时间为 1 天,引爆时间在 3 天以内的占 95.5%。这也正体现出网络舆情的特点,网络的时效性和公共性使得网络舆论的形成往往非常迅速。当某一事件曝光时,所有人都有可能看到,所有人都有发表意见的权利和便利,个体意见可以迅速地汇聚起来形成公共意见,同时,各种渠道的意见又迅速进行互动,从而迅速形成强大的声势。

从曝光者角色来看,在 110 件事件当中,有 74 件由媒体曝光,另外 36 件则通过个人上网发帖、发视频曝光。个人曝光与媒体曝光的引爆时间有显著区别,媒体曝光的平均引爆时间为

———————
① 引爆时间在此定义为从事件曝光到高涨的时间差值。

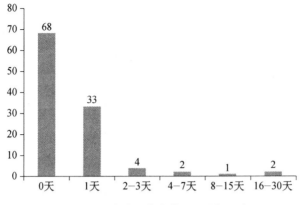

图 8　2015 年教育网络舆情引爆时间分布图

0.5 天,而个人曝光的平均引爆时间则为 1.91 天,而且个人曝光事件的引爆也多是因为媒体参与了传播的过程。如"高中收感恩母校钱"[1]事件中,最初一则名为《母校恩情几何？ 盘锦市高级中学标价一百》的网帖于 3 月 15 日起陆续发布在国内各大论坛上,但是并未引起网民的关注,直到 3 月 24 日《新京报》撰文《辽宁一高中收"感恩母校钱"　学校：学生私自行为》,环球时报、Vista 看天下等媒体官微纷纷转发,事件才被真正引爆。类似事件还有"最悲伤作文",曝光者于 7 月 11 日将作文发至微博和朋友圈,直到 8 月份媒体参与,事件才被真正引爆。而汇集各类新闻的微博大 V 如"@头条新闻"也在舆情的传播中起到了重要的作用,其微博本身就成为重要的讨论区。

从事件类型上来看,不同类型事件的引爆速度还是显示出了差异性。各分类当中,行政贪腐与校园安全类事件引爆最快,行政贪腐分类中有 71.4%的事件为曝光即引爆,校园安全分类

---

① 杨锋、杨钰莹,新京报,辽宁一高中收"感恩母校钱"　学校：学生私自行为,采集日期：2016 年 1 月 1 日。http://www.bjnews.com.cn/news/2015/03/24/357597.html

则100％曝光即引爆。

　　行政贪腐受到密切关注、容易引爆舆论是网民对公权力关注的必然结果,特别是在近几年党和政府大力反腐的大背景下。教育作为公权力运行的一个重要领域,公权力的滥用往往导致教育资源的倾斜和被侵吞,违背教育公平原则,因此极受网民关注,媒体和大V也会立刻跟进。校园安全事件虽然入选数量少,但是全部为发生即引爆,这是因为该类事故关乎学生的生命权,与个体暴力事件不同,校园安全事故往往会引起普遍的伤害。如"食堂吊顶掉落　南昌大学2名学生被砸骨折"事件中该校食堂天花板一块石膏吊顶忽然掉落,造成2位学生骨折、3位学生轻微皮外伤。"@头条新闻"微博[1]下网民"@张想想"的回复"幸亏是五一,幸亏是下午"获得147次点赞,如果该事故发生在平常的用餐高峰期,后果将不堪设想。而且这类事件往往都反映出一些监管上的漏洞,在该微博下还有网民表示自己也曾遭遇过类似事件,因而对高校建筑安全提出了质疑,如网民"@没有什么不同2014"回复道:"你们认为就一所学校有吗? 我会说我们学校寝室也塌了么? 希望相关部门能好好发挥监督作用。"

2. 持续时间: 家庭教育持续长,意识形态消退快

　　教育网络舆情总体持续时间不长,持续时间为2—3天的占比最高,总计49件,占比为48.2％,持续时间为4—7天的次之,35件占31.8％。持续时间大于15天的共6件,占5.5％。其中持续时间大于30天的事件有4件,全部都是一波三折事件,往往是在事件发酵过程当中又出现了新的进展和反复,如何

---

[1] 数据来源:"头条新闻"5月1日微博,采集日期:2015年12月28日。http://weibo.com/1618051664/CfRMZc9fz? type＝comment＃_rnd1452326037284

炅被举报"吃空饷"①事件中何炅和北京外国语大学校方出面回应，"最悲伤作文"事件中作文被质疑造假，小学被强拆。

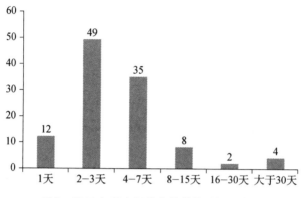

图 9　2015 年教育网络舆情持续时间分类图

从事件分类来看，家庭教育类事件持续时间较长，60％的事件持续时间超过了一周，此类事件持续时间较长主要是因为事件本身比较轰动。该分类中包括两个全年的重磅事件"贵州 4 名留守儿童喝农药自杀"与"南京虐童案"，这两起事件均为 2015 年教育舆情烈度排行的前 10 名。其中"南京虐童案"是全年持续事件最长的事件，自 4 月 3 日曝光以后最终持续至 11 月 24 日，共计 235 天，其中"法与情"的矛盾引起了网民的热议，该事件对"打骂就是教育"的错误观念形成了强烈的冲击，被评为 "2015 年度人民法院十大刑事案件"②；而"贵州留守儿童喝农药自杀"事件则反映出留守儿童面临的情感困境，还引起了中央的

---

① 杨锋，新京报，何炅被举报吃空饷，北外称其发挥特长为学校工作，采集日期：2015 年 1 月 1 日。http://www.bjnews.com.cn/news/2015/05/14/363438.html
② 何靖，人民法院报，人民法院报评出 2015 年度人民法院十大刑事案件，采集日期：2015 年 1 月 1 日。http://www.chinacourt.org/article/detail/2016/01/id/1783038.shtml

关注,李克强总理亲自做出批示,要求有关部门对各地加强督促,把工作做实、做细,强调临时救助制度不能流于形式,对不作为、假落实的要严厉整改问责,悲剧不能一再发生。

持续时间最短的是意识形态类事件,85%的事件持续时间都在3天之内。这一类事件通常是官方发布,因此各大媒体跟进报道的时间比较统一,百度新闻按标题搜索"绝不能让传播西方价值观念教材进课堂"出现的67篇新闻发布日期全部为1月30日。而且这一类事件大多数都是通知性事件,基本没有后续进展。此外,除了"小学生背不出社会主义核心价值观　校长被全市通报批评"之外,其他的事件如"中办国办要求加强高校宣传思想工作"、"南开校长:意识形态工作不能走到另一极端"涉及的主体和造成的后果都是比较泛化的,有的甚至只是某种言论,并没有出台政策,因此尚未涉及到具体行动主体的利益,故而没有引起持续性的关注。

四、舆论氛围

通过收集、整理、归纳2015年110件主要的教育舆情事件,本研究发现教育舆情的主要参与者也呈现出不同的群体特征。网民作为舆论场上的最大群体,虽然负面评价较多,但更多的是个人化的分歧。就其他主体而言,教师作为教育事件的重要参与者在舆论场中只占较少的发声空间,缺少意见领袖。与教师群体相对应的学生群体呈现出由家长和学生前辈代为发声的特征。另一方面,校方作为舆情事件的危机应对者,回应方式多样,但是并没有有效利用以微博为代表的新媒体。同时,政府的不同部门在舆论场中的角色各不相同,常常表现为教育系统宣传新气象,公安系统高效行动。除此之外,媒体作为信息的主要发布者,在信息传播和舆论引导方面更汲汲于效应,通过在新闻标题上设计噱头、花样吸引公众眼球。下面我们将从上述六大主体出发，具体展现舆论氛围所呈现的特点。

（一）网民：负面成主流，主体评价各不同

网民是舆论场中的主要评论者。在梳理了 2015 年 110 件教育舆情事件的微博反馈后不难发现，网民评论中负面评论占绝大多数，这与负面事件占比较大直接相关。

通过内容分析法采集网民对各大主体的态度和评价后，本研究发现在教育事件的舆论场中，政府、学校、教师、家长、学生、媒体、教育制度或法律裁决是网民评价的七大主要对象。以新浪微博热门评论为基础，依次采集 110 件教育舆情事件中网民对七大对象的态度，将其态度划分为正面、负面、中立或未提及三种，正面记为正 1 分，负面记为负 1 分，中立或未提及记为 0 分。由此整理、计算出各类舆情事件中网民对各评价对象的口碑榜。从总得分榜中可见，所有对象的得分全部为负，这主要是因为教育舆情事件以负面为主，其中政府、学校、制度/法律，为得分最低的三者，这些对象的特点是涉及的事件类型广，在师风师德、学生表现、教育管理等类型事件中，都会有网民批评学校或政府相关部门的不当行为，以及教育制度自身的弊病。负面得分最少的是媒体，其负面评价集中于报道失实。

表7　2015年教育舆情口碑榜之主体总得分

评价对象	负面得分	正面得分	总分	平均分
政府	－193	23	－170	－3.7
学校	－131	12	－119	－4.0
制度/法律	－116	11	－105	－2.6
家长	－52	1	－51	－3.4

续　表

评价对象	负面得分	正面得分	总分	平均分
教师	−66	20	−46	−1.8
学生	−98	56	−42	−1.1
媒体	−38	0	−35	−1.6

　　除此之外,从事件类型的角度来看,除学生之外的其他六大评价对象在各类型教育舆情事件中的平均得分都是零分或负分。另外,值得注意的是几个极值点的出现:

　　1. 在行政贪腐类事件中学校以−7分成为最低分者。事实上,学校卷入行政贪腐类事件的数量并不多,但这些事件的影响力大、热议程度高,尤其是当高校成为行政贪腐事件的发生地时,网民的声讨更为强烈。以"中国传媒大学高层8人违纪,正副校长被免"事件为例,网民"@Whiskeyes"在"@头条新闻"的微博①中评论:"高校腐败比得上政府腐败,只是以往没有人查而已。"

　　2. 家长不出意料地以−7.4分在家庭教育类型事件中得分最低。作为孩子的第一任老师,家长的教育观念、教育方法影响着孩子的学习成绩和精神状态。2015年1月,"吉林一小学生考试得了96分,家长称输在起跑线的事件"在网上引起网民热议,网民"@若风等你"发表看法:"考零分,只要他开心就可以,但是不能让孩子没了童年,想一想自己小学才考多少分,为什么自己做不到,反而强迫孩子做到,对孩子,对孩子的未来吗?"

　　3. 学业课程类事件中,教育制度得分−5.17成为众矢之

---

① 数据来源:"头条新闻"11月25日微博,采集日期:2015年1月7日。http://weibo.com/1618051664/D5rRZiOjj? type = comment ＃ _rnd1452848066691

的。学生的学业安排、课程设置或者制度上、政策上的规定变化都会引发网民对于现行的教育制度的反思，并常常作为一个根本性的因素被提及或被要求改革。在"院士：小学生学奥数除了加重负担没别的用处"的事件中，网民"@啊痞啊"的回复①就发表对于教育制度的看法："饱受所谓素质教育之苦的过来人表示教育必须要改革！！"

表 8　2015 年教育舆情口碑榜之主体分类交叉表

平均得分	政府	媒体	学校	教师	学生	家长	制度/法律
行政贪腐	-3.2	-3	-7	-2.3	0		-1
家庭教育	-4	-1	0	0	0	-7.4	-1.3
教育管理	-4.6	-0.5	-4.2	0	0.6	-1	-2.6
考试招生	-2.3	0.5	-4.8	0	0.8	0	-4
师德师风	-1	-3.3	-3	-2.6	-2.4	-1	-1
校园安全	-1	-1.5	0	7	0	0	0
学生表现	-3.3	-1.2	-6	-0.7	-1.6	-1.5	-2.6
学业课程	-4.1	0	-2.4	-1.3	0	0	-5.2
意识形态	-5.7	0	10	-2	0	0	0
其他	-3.3	-2.5	-4	-2.7	-0.7	0	-2

　　由表 8 可知，政府是各大主体中唯一一个在所有类型中平均得分均为负分的，因此，本研究又制作"2015 年教育舆情口碑榜之政府分榜"展示了政府在各类型舆情事件中的具体评分情况。该榜单表明在意识形态、学业课程这两类舆情事件中，网民

---

① 数据来源："头条新闻"3 月 14 日微博，采集日期：2015 年 1 月 7 日。http：//weibo.com/1618051664/C8yM6xSKD? type＝comment＃_rnd1452848191680

对政府的负面评价较多。在意识形态类事件中,网民的负面评价主要表现为对于政府在意识形态或思想政治方面的政策性规定的不理解甚至是批评,以 2015 年 11 月"国务院称建世界一流高校需要牢控高校意识形态领导权事件"和 2015 年 9 月"教育部发表声明宣布招研究生将面谈了解考生思想政治情况①事件"为代表,转发量、评论量最多的"@头条新闻"的微博②前十条热门评论中,几乎全部是对政府这一举措的负面评价,"统一思想"、"思想禁锢"等词语更是被反复提及。在学业课程类型中,由政府层面的教育系统做出的任何调整或改革都会影响每一名学生、每一个家庭,因此在这类事件中政府也常常成为被网民非议的对象。以"江苏省规定从幼儿园到高中必学足球"的事件为例,在"@头条新闻"的热门评论③中可以看到,网民对此举措的不满主要集中在两点,一方面是政府忽视个体差异和兴趣,一刀切的做法不利于因材施教、各展所长,如网民"@上发条的猴子"就表示:"中国未来的姚明在踢足球。"另一方面是网民则引经据典,通过历史典故讽刺此举更像是溜须拍马。

(二)教师:群体空间萧条,意见领袖缺失

教师是教育过程当中不可缺少的一个主体,在本数据库的 110 个事件当中,与教师直接相关的事件有 26 件,占 23.6%。这其中不乏教师的负面形象和教师受到伤害的事件,如"民大副

---

① 新华网,澎湃新闻,教育部:招硕士研究生要组织面谈直接了解考生思想政治情况,采集日期:2016 年 1 月 9 日。http://m.thepaper.cn/newsDetail_forward_1374259
② 数据来源:"@莲花开落 2010"9 月 12 日微博,采集日期:2016 年 1 月 9 日。http://weibo.com/1618051664/CA8PLlgcu?type=comment#_rnd1452318756434
③ 数据来源:"头条新闻"6 月 24 日微博,采集日期:2016 年 1 月 9 日。http://weibo.com/1618051664/CnZO8BeuQ?type=comment#_rnd1452847776855

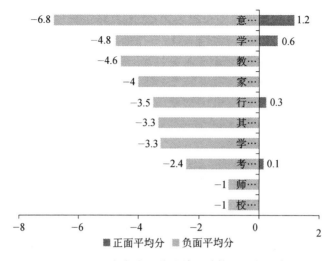

图 10　2015 年教育网络舆情口碑榜之政府分榜

教授卖书索贿"[①]和"小学四年级男生暴打老师"，但是教师作为教育舆情中重要的事件主体，却并没有发出足够的声音，这主要体现在两个方面，一是群体空间的萧条，二是意见领袖的缺失。

本研究有对教师群体聚集的网络空间进行研究的计划，希望了解教师群体对舆情事件的态度和观点，作为公共舆情的重要补充，但是却未能达成。教师相关的网站主要有 2 类，一类是为教师提供各类课件、试题等实用资料的网站，另一类是教师论坛（含主流门户网站中的教育板块）、贴吧。这些网站当中，仅有实用类的网站依旧还在活跃，教师论坛、贴吧基本都已十分萧条，用户活跃度很低，相对活跃的天涯论坛、教师吧、老师吧，对舆情的关注度也不高。

---

① 黄颖，新京报，民大涉"卖书索贿"副教授被停课，采集日期：2015 年 12 月 28 日。http：//epaper. bjnews. com. cn/html/2015-01/11/content_557017. htm? div = -1

　　以天涯论坛的教师板块为例,大多数帖子的回复量都在 5 条以下,发布的内容主要是教师个体的心路历程、职业道路选择,公众性的内容则集中在教学经验、编制工资、广告和心灵鸡汤上。2015 年全年教师板块当中舆情相关的帖子少,反馈量低。帖子总共 6 个,其中 4 个帖子回复量都在 2 条及以下,如"洛阳一高中向离职老师收 4 万手续费　回应称招人太难"①,仅有 2 条回复;而在网络上引起热议的"BBC 的有关中国支教老师的争论"②在天涯仅有 1 条回复。另外两个帖子则引起了一定的讨论,分别是"蚌埠市怀远县包集中学老师掐打女生的恶劣事件"③和"龙江路小学中粮祥云分校'公选'干部摆乌龙"④,前者回复 276 条,后者回复 643 条。但是这两件事情并未引起更广泛的热议,因此未收录进数据库当中。

　　教师群体不仅群体空间萧条,在公共舆论场中,也缺乏意见领袖。2015 年十二月,新浪微博举行了 V 影响力峰会,汇聚了各行各业的大 V,其中 V 影响力峰会官微专门提及的十大影响力大 V 有动漫、医疗、作家、科技观察、影评、财经。而"教育大 V"和体育、电商、美食等大 V 仅出现在微博和新榜联合发布的

---

① 天涯用户"為你執著",洛阳一高中向离职老师收 4 万手续费　回应称招人太难,发布日期:2015 年 8 月 21 日,采集日期:2015 年 12 月 28 日。http://bbs.tianya.cn/post-140-636011-1.shtml

② 天涯用户"王伟文",BBC 的有关中国支教老师的争论,发布日期:2015 年 8 月 13 日,采集日期:2015 年 12 月 28 日。http://bbs.tianya.cn/post-140-635774-1.shtml

③ 数据来源:天涯用户"我何必假装坚强",蚌埠市怀远县包集中学老师掐打女生的恶劣事件,发布日期:2015 年 6 月 8 日,采集日期:2015 年 12 月 28 日。http://bbs.tianya.cn/post-140-634836-1.shtml

④ 数据来源:"译文 2015",龙江路小学中粮祥云分校"公选"干部摆乌龙(转),发布日期:2015 年 2 月 3 日,采集日期:2015 年 12 月 28 日。http://bbs.tianya.cn/post-140-633516-1.shtml

"垂直 V 影响力"年度榜单①当中。这十位大 V 中教师数量少，仅有两名是体制内教师的身份，影响力不足且鲜少替教师发声。

十位大 V 分别是"@清华南都""@北大新媒体""@张鸣""@艾力酷艾英语""@管鑫 sam""@蒋中挺""@何凯文""@北大清华讲座北京生活""@陈昌凤""@李北方 2"。这十位大 V 当中，"@张鸣"是中国人民大学的政治学教授；"@陈昌凤"是清华大学新闻与传播学院教授；"@李北方 2"是《南风窗》主笔，其他几位大 V 都是提供教育服务与实用咨询的，如"@蒋中挺"和"@何凯文"都是考研辅导名师，"@北大清华讲座北京生活"则发布各类讲座信息。从粉丝数量来看，"@陈昌凤"有 236 万粉丝，但是活跃度低，热度最高的微博也仅有 102 次转发，"@张鸣"有 78 万粉丝，粉丝较活跃，但是其微博当中，除了持续发布的"每日一呼，北航校长请回答，贵校教授韩德强当街打人，你是否支持他？核心价值，要当真！"②，日常关注的多是时事政治问题。

从这个榜单中也不难看出，教育大 V 更多的是"教育产业"的大 V 而非"教育事业"的大 V，因此对教育舆情关注度低，鲜少发声似乎是个必然。V 影响力峰会的教育分论坛讨论的主题是"社交化学习能否革新在线教育的传统思维！"对此，参加分论坛的大 V"@张鸣"也提出了自己的观点："微博教育分论坛，大家讨论的在线教育，更多地带有功利性，英语、公务员培训等等。其实，教育并非都是职业培训，完整的人格才是教育的目的，学

---

① 数据来源："新榜官微"12 月 9 日文章，新大 V 时代到来，微博联合新榜发布"垂直 V 影响力榜"，采集日期：2015 年 12 月 28 日。http://weibo.com/p/1001603918225921 429079

② 数据来源："@张鸣"12 月 20 日微博，采集日期：2015 年 12 月 28 日。http://weibo.com/1707683373/D9eTJnCoA? type = comment

点无用的东西,才有大用。"①

(三)"学生":代为发声的羔羊

作为受教育的主体,任何类型的教育舆情事件都关系学生群体的切身利益,作为教育事件的主要参与者,他们在事件中的经历和表现常常决定着网络舆论走向。尤其是涉事的学生群体为未成年学生时,由于自身力量薄弱、尚未在网络上获得表达空间,因此他们的利益表达和声张又通过何种方式得以发出呢?在对 2015 年 110 件教育舆情事件的热门评论进行收集和整理后,本研究发现,在网络舆论场中常常有大量代表学生群体利益的声音,然而这种声音通常并不是由学生群体本身发出的,更多的是家长或者成年学生这两个群体代为发声的。他们在舆情事件中常常从家长的角度或者个体的学生经历出发,代替事件中涉及的学生群体或未成年学生,表达对教育体制或者其他涉事群体的意见和建议。

在"南京虐童案"中,"@爱做素食的三胖子"作为一位母亲,对于此事件她表示:"我也是个孩子的妈妈。总是喜欢站在孩子的角度去想问题。被打成这样孩子是什么样的心情我实在不敢去想。他以后会怎么去看待这个世界?"②另一方面也有网民从自身经历出发表达自己的看法,"@aaaczb67591"认为"打孩子时要注意点不能太重,但是我理解南京的夫妇,有偏激的朋友,可以想想你们有没有被父母打过,你是不是现在很感激你父母,如果你一直恨不得打过你……"③

---

① 数据来源:"@张鸣"12 月 9 日微博,采集日期:2015 年 12 月 28 日。http://weibo.com/1707683373/D7CTGmHOb? type = comment
② 数据来源:"@爱做素食的三胖子"2015 年 4 月 6 日微博,采集日期:2016 年 1 月 1 日。http://weibo.com/2550696614/Cc303bjq8? type = comment
③ 数据来源:"@aaaczb67591"2015 年 4 月 6 日微博,采集日期:2016 年 1 月 1 日。http://weibo.com/5414378209/Cc3QmtlXu? type = comment♯_rnd1452328077736

在网络舆情场上，涉事学生群体的话语通常是从家长的角度或从个人经历出发的网民代为发出的，这一特点或许可以从舆情事件能够唤起人们的共情能力的角度来解释。新闻事件具有的煽动性和感染力常常会给网民带来强烈的代入感，这种代入感会强化读者作为涉事主体或者利益相关者的角色责任感。具体体现为一方面，很多在现实生活中育有孩子的网民会更多地从家长的角度看待事件始末，涉事的学生此时并不是一个学生的身份，而是一个孩子的角色，因此，他们会以保护者的姿态为维护学生群体的利益。

另一方面，新浪微博数据中心发布报道的《2015 年度微博用户发展报告》①中指出，17—33 岁青年群体构成移动互联网的主要用户，占全部移动用户的 83%，这一年龄段是微博的主力人群。同时 76% 的微博用户具有高等学历。根据这一数据显示，我们可以初步得到这样的一个结论：使用微博的绝大多数用户都是曾经有过或者正在经历学生时代的群体，无论接受的初等教育、中等教育还是高等教育。因此，当教育事件发生并在网络上引起舆论时，涉事学生的经历和行为更容易唤起作为微博主力的 17—33 岁青年群体对于自己学生经历的回忆。正如在"广西学生冒雨做操领导打伞观看"②的事件中，网民"@孙小Di"回复③表示："你是学生吗？你知道学生顶着雨做操是什么感受和心情吗？你是不是就是你所说的，吃饱了没事干的人

---

① 新浪微博数据中心，《2015 年度微博用户发展报告》，采集日期：2016 年 1 月 1 日。ht-tp：//www.useit.com.cn/thread-10921-1-1.html
② 新浪微博数据中心，《2015 年度微博用户发展报告》，采集日期：2016 年 1 月 1 日。ht-tp：//www.useit.com.cn/thread-10921-1-1.html
③ 数据来源："人民网"3 月 16 日微博，采集日期：2016 年 1 月 1 日。http：//weibo.com/renminwang? profile_ftype＝1&is_all＝1&is_search＝1&key_word＝领导打伞 # 1452848520601

呢。"①网民与学生群体由于共同身份而产生的情感就表现为,他们通过讲述自身相同的或相似的经历来声援涉事学生或声讨事件负责人。

(四)校方:回应多样化,微博不作为

校方是教育关系中具有监督管理责任的一方,特别是当舆情事件的言论焦点指向校方时,学校如何进行危机应对将对事态发展和舆论走向产生重要影响。本研究将校方口碑得分小于或等于-5分的事件定义为"校方需要进行危机公关的事件",总计15件,其中2件无回应,5件是校方接受采访进行回应,其他都是由校方发布的官方声明。从回应的速度来看,采访的回应可能会有延迟,主动的声明大多在舆论引爆当天或次日,回应方式多样,有公开信、微博、政府官网等。

这15件舆情事件中有8件发生在高校当中,在新媒体时代下,运用微博及时地作出回应已经成为危机公关的常用手段之一,对于稳定舆论走向、争取调查时间和维护自身形象等方面起到重要作用。根据《2015年上半年中国校园微博发展报告》②,截止到2015年6月,我国110所211高校开通官方微博,985和211院校的用户基本全面覆盖。理论上官方微博应该起到及时应对、缓和舆情的作用,但是这些官方微博并没有很好地被利用起来,具体体现在不回应和回应不当,8个事件中仅有2件通过微博进行回应,即使回应迅速,也仍由于言辞模糊或者强行自我辩解等不当的回应而遭遇信任危机。如"天津师范大学一女

---

① 数据来源:"@孙小Di"2015年3月17日微博,采集日期:2016年1月1日。http://weibo.com/2637102587/C90AFrAwR? from = page_1005052637102587_profile&wvr = 6&mod = weibotime&type = comment

② 新浪微博数据中心2015年上半年中国校园微博发展报告,采集日期:2016年1月1日。http://data.weibo.com/report/reportDetail? id = 296

生烧炭自杀"①事件。该女生在一次义务献血中被查出是乙肝病毒携带者,随后被安排住单间宿舍,最终在宿舍烧炭自杀。在整个事件中,该女生签署的一份自愿入住单间宿舍的"说明书"是否校方强迫所为引发争议,关于学校学生又是否存在疏远、排斥该女生的行为,女生家长与学校领导也说辞不一。事件引爆当天,天津师范大学官微转发天津师范大学初等教育学院微博文章②,并声明:"4 月 30 日网上出现的关于我校吴同学死亡的消息中存在大量不实内容。学校已向相关单位进行申诉,并保留追究法律责任的权利。"③

　　虽然校方回应迅速但网民对此并不买账。网民"@张小宇_zxy"在天津师范大学官微的转发下回复道:"无耻啊! 知道事态的严重后,急忙撇清责任,通篇都是把矛头指向吴同学自己的过错,并不断美化自己! 这样的用心实在是卑鄙下流,无耻!"网民"@SonglmanMiko"也表示:"道貌岸然!! 看看申明也太官方了,看到过哪个学校领导关心过乙肝携带者了? 得了白血病的学生也都是学生召集募捐吧!"

(五) 政府:教育官微唱高歌,公安系统行动快

　　政府作为整个国家行政权力的代表,如何在教育体制中发挥应有的作用,是每位公民情之所寄、心之所系。在教育舆情事件中,无论是涉事方还是监管者,政府表明的态度、采取的行动,

---

① 刘珍妮,新京报,新浪新闻中心,大学女生因乙肝歧视烧炭自杀　家属指责校方,采集日期：2016 年 1 月 7 日。http://news.sina.com.cn/s/2015-04-30/025931778181.shtml

② 数据来源:"天津师范大学初等教育学院"4 月 30 日长微博《关于初等教育学院吴同学去世情况的说明》,采集日期:2016 年 1 月 7 日。http://weibo.com/p/10016038373 87892459909

③ 数据来源:"天津师范大学"2015 年 4 月 30 日微博,采集日期:2016 年 1 月 7 日。http://weibo.com/1367439987/CfGDI8cDr? from ＝ page＿1002061367439987＿profile&wvr＝6&mod＝weibotime&type＝comment

甚至作出回应的及时与否、措辞如何,都会对网络舆情的导向产生重要作用。本研究发现,虽然以微博为代表的新媒体正逐渐成为普通民众获取信息、发表态度的主要渠道,政务微博也越来越发挥着官民互动、提取民意的重要平台,但是教育系统的官方微博并没有发挥很好的危机应对的作用,更多地扮演着发布教育新政策、宣扬教育新景象的角色。相反,公安系统的官方微博在涉及校园暴力、学生安全等方面的问题时,通常会作出较为迅速的回应,与网民互动、交流得也更为频繁。

根据 2015 年 8 月由"@人民日报"和"@政务风云榜"联合出品的《2015 年上半年人民日报·政务微博影响力报告》①,在对以"@陕西教育厅""@微言教育""@深圳教育""@安徽省教育厅"和"@江苏教育发布"为代表的全国十大教育系统微博进行教育舆情事件搜索时,本研究发现通过"殴打""暴力""性侵"等教育舆情新闻中经常出现的关键词进行搜索时,结果均显示为无,而"学生""教师""教育部"等关键词搜索出的结果多为政策宣传性质的新闻。在本研究选择的 2015 年 110 件热点舆情事件中,也只有"清华北大抢生源微博互掐""南昌高考替考"等在网络引起极大热议的舆情事件得到了教育部官方微博的回应。

与教育系统的官方微博在舆情事件中鲜少表态相对比,公安系统的官方媒体在介入、处理校园暴力和学生安全等方面的问题时,表现得更为迅速、积极。以"福建一女生遭同学连扇 57 个耳光"②为例,事件于 2 月 7 日凌晨在网上曝光,公安部治安

---

① 数据来源:"人民日报"8 月 28 日长微博《2015 年上半年人民日报·政务微博影响力报告》,采集日期:2016 年 1 月 7 日。http://weibo.com/p/1001603880864781054498

② 大河报,新浪新闻中心,中学女生被疑出轨遭同学堵厕所扇 57 个耳光(图),采集日期:2016 年 1 月 7 日。http://news.sina.com.cn/s/p/2015-02-07/153631494486.shtml

管理局暨打四黑除四害专项行动办公室官方微博"@公安部打四黑除四害"于当日 12 时 10 分对此事进行了结果报道,称受害女生所属学校早于 1 月 28 日作出处理。① 该微博立即引发千余条网民评论,在前十条热门评论中,更有"@江州公安""@江南警哥"等公安系统的官方微博和个人微博参与讨论,"@检察官张聪"也评论道:"回应的很及时,赞一个。"②同样,2015 年 10 月 29 日有媒体报道称"南京江宁区的城市交通运输学校内有一KTV,学校女生在里面做三陪"③。当日 13 时,南京市公安局江宁分局通过"@江宁公安在线"官方微博发表通报④称:"媒体报道的我区某学校内一 KTV 可能存在学生有偿陪酒陪唱的情况警方已介入调查,正在调查之中,警方会依照法律规定进行处理。"

政府对于舆情事件尤其是应对突发性、热议性教育事件的态度和行为表现,对于政府的形象建设发挥重要作用。教育系统如何通过官方微博等新媒体平台,以更积极、主动的姿态介入教育舆情事件并发挥引导作用将是政府新媒体建设和运营的题中之义。

① 数据来源:"@公安部打四黑除四害"2 月 7 日微博,采集时间:2016 年 1 月 7 日。http://weibo.com/2328516855/C3biibMcw? from = page _ 1001062328516855 _ profile&wvr = 6&mod = weibotime&type = comment＃_rnd1452328766458

② 数据来源:"@检察官张聪"2015 年 2 月 7 日微博,采集时间 2016 年 1 月 7 日。http://weibo.com/2328516855/C3biibMcw? type = comment＃_rnd1452325153311

③ 中国新闻网,新浪新闻中心,南京技校内设 KTV 有女生陪酒陪唱　警方介入,采集日期:2016 年 1 月 7 日。http://news.sina.com.cn/c/2015-10-29/doc-ifxkfmhk6516258.shtml? cre = sinapc&mod = g&loc = 33&r = u&rfunc = 2

④ 数据来源:"@江宁公安在线"10 月 29 日微博,采集时间:2016 年 1 月 7 日。http://weibo.com/1113218211/D1mZhq27U? from = page_1001061113218211_profile&wvr = 6&mod = weibotime&type = comment

(六) 媒体:"标题党"引质疑

媒体作为公众获取信息的主要来源之一,不但因掌握信息源而处于优势地位,而且因其对话语权的掌握,对于舆论氛围的引导和走向发挥着重要的作用。保持媒体人的职业操守和新闻的客观中立的立场是媒体获得并维持公信力、影响力的决定因素。然而在今天的社会中,信息获取途径更开放、多样,网民更趋于理性思考,多方的、复杂的利益关系需要考量。在这样的状态下,在教育这个举国关注的话题领域,尤其是当舆情事件涉及多方利益主体时,媒体如何行为显得更为重要。根据我们的研究发现,由于教育领域的舆情事件本身所呈现出的对错分明的特点,大多数情况下,媒体的报道还是客观公允的。但是,在新闻标题的处理上则显得更为虚张声势或故作噱头。

以巢湖学院处长借毕业证威胁女学生为例,各大新闻平台和媒体中心使用或引用了"色诱"一词,但很多网民在了解事情始末后发现这个词使用在新闻标题中是欠妥的。网民"@刘璨"表示:"网曝高校处长拿毕业证色诱女学生　聊天记录暧昧,这是什么新闻标题啊,怎么色诱啊。"网民"@斌哥看世"同样认为:"曝安徽巢湖学院处长用毕业证色诱女学生:很可笑的新闻标题,到底是学生处长色诱学生,还是学生色诱处长。作为一名学生或者说女性,遇到这样的第一句话就该知道怎么回答,而她却一拍即合、顺势引导! 不能官与民、师与生、富与穷之间发生任何事情都将全部的责任推给前者吧!"

媒体需要通过新闻标题迅速吸引并唤起读者的阅读渴望是无可厚非的,但是如何平衡客观性与吸引力则是需要思考。在阅读新闻标题的时候,读者通常已经接受了标题的指向和引导,并对新闻内容有所预设。如果内容和标题两者之间存在偏颇或者不实之处,常常会引起读者的反感甚至是对媒体报道可信度的怀疑。

五、建议

政府作为行政权力的代表者,教育管理的责任人,如何合理、有效地整合网络信息、应对教育问题、引导舆情态势,是一个值得思考并亟待解决的问题。提高教育决策的可行性,增强危机应对的科学性,不仅是服务型政府的基本工作内容之一,还有利于维护政府的良好形象。根据 2015 年 110 件教育舆情事件中政府相关部门及工作人员的回应态度和行为,以及网民对于政府的相关评价,本研究将从回应态度和应对方式两个角度提出建议。

(一) 态度: 积极诚恳,不偏不倚

网络已经成为事件曝光或信息发布的主要途径之一,许多教育事件或话题通过网络传播成为公众议题,尤其是性质严重或影响恶劣的热议事件往往需要政府积极、合理地回应,一方面推动问题的解决,另一方面稳定民心、引导舆论态势。在对网民关于教育舆情事件的评论进行整理和分析的过程中,本研究发现网民对于政府的态度并非只有批评或指责,当有恶性事件发生时,很多时候网民会呼唤政府的回应或介入,表现出对政府的依赖和信任。这种情况下及时作出官方回应,诚恳地表达调查态度,如实地跟进事件进程都将有助有问题解决和舆论平息,但如果以"鸵鸟"心态面对,希望静等事态自行回落,那么往往会错失回应的最佳时机,甚至会因为不作为而成为众矢之的。

以"吴起女高中生被逼卖处"为例,网民"@作家褚炜"在相关政府介入但未取得令人信服的检查结果时,立即发声:"♯上一级政府的麻木让人费解♯高中生被逼'卖处'事件,令人震惊!

更高一级的纪检监察部门，应该快速介入，调查核实。目前，当地政府的任何一种回应民众的质疑都失去了公信力，失去了民心，失去了最佳时机。"

（二）方式：适应新媒体，回应多渠道

政务微博在信息公布、官民互动中发挥着越来越重要的作用，尤其是在网络舆情态势的引导方面。根据教育系统的微博和公安系统的微博对于教育事件或话题的不同应对方式，本研究发现教育系统的官方微博在舆情事件的回应和解决方面并没有发挥很好的作用，政府对于某一事件的回应态度和处理进程大多通过媒体系统的后续报道得以反映。教育系统的官方微博更多地是作为新政策、新气象的宣传途径，在内容上以政策和实用信息为主，在沟通上缺乏互动。以教育部新闻办公室认证的官方微博"@微言教育"为例，"英语四六级""公务员考试""考研信息"等实用信息，"教育部打击违法作弊""教育法修改"等政策性信息为微博发布的主流，其微博评论大多数都在 200 条以下。然而，涉及校园暴力、行政贪腐等性质恶劣的事件却在官方微博上销声匿迹。

因此，本研究建议政府应有效利用教育系统的官方微博，搭建信息公开、处理透明、官民互动、听取民意的平台。在宣传教育新改革、新动向的基础上，在政策性信息的公布中，增添政策解读、专家评析等板块，帮助民众更好地理解改革决议；同时在实务性信息的公布中，注重与网民的互动，通过亲切、友好的知识性解答帮助民众解决问题，维护官民关系。另外，加强教育问题的事件报道和回应处理，尤其是对于引起网民普遍关注和热议的重要教育议题或事件，发布官方回应态度和处理结果，树立处理果决、行动高效的政府形象。

二、专题报告

校园暴力事件的网络舆情研究报告

一、前言

"十年树木,百年树人",人才的培养是一个民族持续发展的关键。学校不仅是学生接受素质教育、学习科学知识的地方,更是完成社会化的重要场所。目前学校硬件设施不断完善,但校园暴力事件频出却似笼罩在校园上空的乌云。2015 年,经媒体曝光的校园暴力事件共 60 起,引起社会各界的广泛关注。

校园暴力事件极大地触动了社会公众的神经,成为当下教育领域中的热点问题。"校霸"、"校园欺凌"等现象早已存在,但当下校园暴力似乎有愈演愈烈的趋势。学生间暴戾风气的盛行加之新闻媒体和自媒体①放大效应,更提高了社会对校园暴力问题的敏感程度。在互联网时代,网民对校园暴力问题的看法很大程度上代表了民众对于该问题的态度和意见,因此本研究将以互联网为平台,以 2015 年全年发生的校园暴力事件为研究对象,结合事件内容分析,深入了解网民对校园暴力事件的基本态度和观点。同时本研究对具体案例进行详细分析,探索 2015 年度校园暴力事件的基本规律和网络舆情态势,更加理性地认

---

① 自媒体:自媒体又称"公民媒体"或"个人媒体",是指私人化、平民化、普泛化、自主化的传播者,以现代化、电子化的手段,向不特定的大多数或者特定的单个人传递规范性及非规范性信息的新媒体的总称。自媒体平台包括:博客、微博、微信、百度官方贴吧、论坛/BBS 等网络社区。

识校园暴力问题,并尝试提出解决措施。另外本研究注意到互联网平台在校园暴力事件舆论发展过程中发挥了双重作用,一方面互联网平台曝光校园暴力事件,引发网民关注,另一方面互联网平台为网民发表言论和舆论形成提供场所与工具。

二、研究设计

本研究以 2015 年 1 月 1 日至 2015 年 12 月 31 日时间段内在新浪微博上曝光的校园暴力事件作为研究样本。并在此基础上选取最具代表性、网民讨论最为激烈的两起热点事件,对其进行典型分析,探讨针对特定校园暴力事件的网络舆情状况。具体设计如下:

(一) 样本选取

2015 年互联网曝光的校园暴力事件数目众多,其事件性质、涉及人群都具有显著差异,本研究主要关注学生之间的校园暴力事件。在选取校园暴力事件的样本时遵守以下原则:

1. 特定群体——发生在校园内的具有暴力性质的事件繁多,例如校外人员殴打校内学生、老师与学生发生冲突、学生之间暴力殴打等等。学生作为学校的主体,学生间的暴力事件占校园内暴力事件的多数,因此本研究也将只关注发生在学生之间校园暴力事件。

2. 舆论影响——所选取的校园暴力事件必须在网络平台、主流媒体上受到关注,特别是在新浪微博上有一定讨论量。事件的网民关注度往往会受到事件的性质影响。

3. 其他因素——例如,特定时间是发生在 2015 年 1 月 1 日至 2015 年 12 月 31 日,特定地点是发生在中华人民共和国境内,暴力性是要指具有明显的暴力倾向等。

根据上述标准本研究一共筛选了 2015 年校园暴力事件 60

起,并将上述指标进行二级指标分类,具体见下表:

表 1　2015 年互联网曝光校园暴力事件的分析指标

一级指标	二级指标
特定人群	参与者性别
	参与者年龄
舆论影响	参与人数
	施暴手段
	事后是否报警
	新浪微博讨论量
其他因素	发生时间
	发生地点

(二) 典型案例选取

网民关注度的高低反映了该事件对公众影响力的大小,本研究选取的 60 起校园暴力事件在网民关注度上有很大差异,因此从中筛选出关注度最高、代表性最强、类型差异较大的两起校园暴力事件①进行典型案例分析,对于我们更好地了解事件内容及舆情走势有极大的帮助。

(三) 网民观点采集

本研究的样本总体包括 60 起不同时间、地点和人群特征的校园暴力事件,较大的类型差异不利于对网民观点采集和分析。因此,本研究只对两起典型案例进行网民观点采集,具体操作如下:通过新浪微博高级搜索功能,将 2015 年 1 月 1 日至 2015 年 12 月 31 日为筛选时间段,以事件名称(具体见附录)为搜索

---

① 本研究选取的两个案例:"永新一女生遭围殴事件""庆元男童遭多名初中生围殴事件"的相关新浪微博数量都达到 10 万以上,远远超过校园暴力事件的一般水平。

对象,搜索结果中的认证用户的博文以及具体博文下网民评论进行采集。最后通过分析评论内容得到网民对典型事件的关注度数据。

三、对互联网曝光校园暴力事件的类型及舆情分析

校园是广大学生学习生活的地方,如何给学生创造一个良好的校园环境成为社会普遍关心的问题。过去很长一段时间我们受困于学校的硬件设施和办学经费的落实问题,而现在校园暴力问题却成为引起人们关心的问题,互联网上披露的暴力事件不断冲击公众的眼球。截至 2015 年 12 月 31 日,本研究整理出由各种网络平台、主流媒体等曝光并引发网民热烈讨论的校园暴力事件共 60 起,根据事件分析指标体系对此 60 起事件进行分析,并总结其舆情特点。

(一) 事件发生时间特点: 夏季集中爆发

在时间维度上,本研究将 60 起校园暴力事件按 12 个月作出划分(具体见附录)。根据图 1 可以发现:4 月、6 月与 10 月发生校园暴力事件最多。其中 6 月 18 起,占 30%;10 月 8 起,

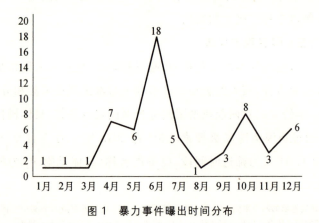

图 1　暴力事件曝出时间分布

占 13.3%；4 月 7 起,占 11.7%。这三个月曝出的校园暴力事件占全年的 55%。

统计发现,4 月—7 月和 9 月—12 月两个阶段为校园暴力高发期。一部分网民认为这两个阶段与学校的学期时间安排相吻合。另一部分网民认为在夏季,由于天气炎热、气温较高导致学生情绪暴躁易怒,学生之间更容易发生暴力行为。

(二)事件发生地区特点:多在南方省份

校园暴力可以说每天都在上演,但只有一部分会被互联网平台和新闻媒体披露出来,呈现在大众视野中。这些在互联网上公之于众的事件分布不能代表现实中的情况,但是却能在一定程度反映哪些省份校园暴力比较严重。本节以省(直辖市、自治区)为单位,分析校园暴力事件的分布现状。

如图 2 显示,事件曝光数量最多的省份为江西省,8 起,占总体 14%;其次为广东省与福建省,6 起,占总体 10%;另外浙江省、江苏省、河北省皆为 4 起,占总体 7%;湖南省、广西自治区、山东省、河南省皆为 3 起,占总体 5%;贵州省、陕西省、辽宁

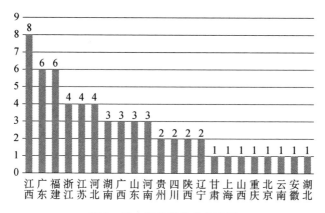

图 2　暴力事件发生地分布图

省皆为 2 起,占总体 3%;其余省份共 8 起,占总体 13%(四舍五入精确到百分位)①。

2015 年南方省份校园暴力事件被曝光 48 起,占总体的 71.7%。对此,网民纷纷发问"怎么又是南方学生?""南方学生到底怎么了?"同时,部分网民还对其原因进行分析。少数偏激网民将频发的校园暴力事件与南方学生性格联系在一起,更多网民认为是由于南方地区经济发展程度较高,学生中智能手机普及程度较高,而这为学生将打人视频或图片上传互联网创造了条件。

(三)事件中性别特点:出现女性化趋势

如图 3 所示,本研究将校园暴力事件按照施暴者与受暴者性别差异分为五类:只有男孩参加、只有女孩参加、男女一起殴打女孩、男女一起殴打男孩、女孩殴打男孩,其中前两类各独自成为一类别,最后三类由于数量较少合并为一类别。只有女孩参加是指该暴力事件中女孩殴打女孩,只有男孩参加是指该暴力事件中男孩殴打男孩。通过数据显示,只有女孩参加的校园

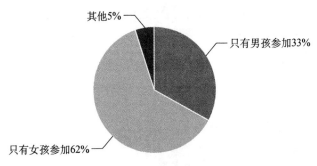

图 3　校园暴力事件中施暴者和受暴者性别分类

① 由于我们只采集互联网平台和主流媒体曝光的校园暴力事件,因此本研究所包括的 60 起校园暴力事件并没有覆盖全国 34 个省级行政区域(具体事件分布区域见附录),很多省份没有涉及到本研究内容。

暴力事件为 37 起,占总体 62%;只有男孩参加的校园暴力事件为 20 起,占总体的 33%;其他类型的校园暴力事件为 3 起,占 5%。在传统观念中,校园暴力往往发生在男生之间,女生似乎与暴力行为无关,但是本研究案例却呈现出截然相反的情况。

近年来,校园暴力"女性化"的趋势有所增强,值得教育主管部门与学生家长的警惕。针对校园暴力"女性化"问题,网民认为:一方面,随着社会的发展,男女性别平等意识不断加强,女生逐渐摆脱弱势于男生的角色。女性"温柔""淑女"等形象被不断弱化,"女汉子"成为一种流行,校园女生之间拉帮结派的现象变得更加普遍;另一方面,由于我国计划生育政策的实施,一家只有一个孩子,加上教育观念的影响,父母对女孩更加宠爱,养成了很多"公主病"。因此,女生之间的一点小矛盾都可能演变成为一起校园暴力事件。

(四)事件参与人数特点:拉帮结派现象比较突出

参与校园暴力事件的学生人数有较大差异,少则两人,多则数百人。本研究将校园暴力事件按参与人数分成四类:多人殴打 1 人、多人群殴、两人互殴、一人勒索多人。如图 3 所示,校园暴力事件中多人殴打 1 人共 54 起,占总体 88%;多人群殴共 3 起,占总体 5%;两人互殴共 3 起,占总体 5%;一人敲诈多人只有 1 起,占总体 2%。多人殴打 1 人占绝大多数,反映出现在学校中学生拉帮结派现象比较突出,更说明学生之间的欺凌现象亟需治理。

多人殴打 1 人和多人群殴的危险性远比两人冲突大,学生之间拉帮结派形成小团体,"欺凌同学""争大哥"等现象随之产生。多数网民认为青少年群体由于从众心理相互模仿,可能会做出更加危险的事情,多人殴打一人和多人群殴往往会对被害者造成更严重的伤害,致死致残事件多有发生。

（五）事件中的年龄特点：暴力事件低龄化严重

校园暴力事件的媒体报道中,往往涉及学生的就读年级,而非具体年龄,因此本研究以年级代替年龄,将学生现在的年级分为：①大学;②大专及以上;③高中;④职高、中专、初中、初中;⑤小学;⑥小学等六类,第五类初中和小学是指该起事件的参与主体既有小学生又有初中生,其他类别只指该年级的学生。如图5所示,大学或大专学生参与校园暴力事件2起,占总体3.3%;高中学生参与校园暴力4起,占总体6.7%;中专学生参与校园暴力3起,占总体5%;初中学生参与校园暴力46起,占总体76.7%;初中和小学生共同参与校园暴力4起,占总体6.7%;小学学生参与校园暴力1起,占总体1.6%。

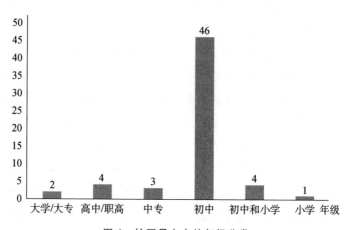

图4 校园暴力中的年级分类

通过年级分类我们可以发现,校园暴力事件中初中及以下学生的参与度高达85%,且初中生最多,由此可见当下校园暴力事件呈"低龄化"。究其原因,网民认为主要有两个：第一,许多中小学生正处于青春萌动期,人格和价值观培育不完全,容易模仿音像制品中的暴力行为,第二,这些学生都是"00后",父母备加溺爱,对孩子的家庭教育过于宽松,对于孩子间暴力行为不够重视,进一步助长了中小学生的"暴戾"情绪。

（六）事件中的施暴手段特点：方式多样,欺虐升级化

本研究将校园暴力事件中的施暴手段分为：肢体殴打、肢体殴打加人格侮辱、持械殴打、持械殴打加人格侮辱和人格侮辱五类。肢体殴打类是指打人者用拳脚对他人进行殴打;肢体殴打加人格侮辱类是指打人者在施暴过程中不仅用拳脚,予以人格侮辱,包括给被殴打者拍裸照、吃垃圾、舔厕所等;持械殴打类是指打人者携带棍棒、刀具等器械对他人进行殴打;持械殴打加人格侮辱类是指打人者不仅携带器械对他人进行殴打,而且还对他人实施各种人格侮辱行为;人格侮辱类是指打人者不直接对他人进行肉体殴打,而只进行人格上的侮辱。

如图5所示,校园暴力事件中施暴手段为肢体殴打的共30起,占总体50%;施暴手段为肢体殴打加人格侮辱的共19起,占总体31.7%;施暴手段为持械殴打的共9起,占总体15%;施

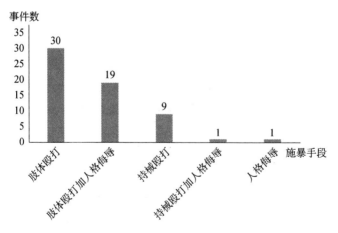

图5　校园暴力过程中的施暴手段

暴手段为持械殴打加人格侮辱的1起,占总体1.5%;施暴手段为人格侮辱的1起,占总体1.5%。总的来说,当下校园暴力的施暴手段主要以肢体殴打和人格侮辱为多,而持械殴打他人的事件较少发生。

2015年互联网曝光的校园暴力事件,手段包括人格侮辱行为的共21起,占总体35%,而不带人格侮辱行为的共39起,占总体65%。校园暴力施暴手段花样不断增多,从最初的拳打脚踢到扇耳光再到令人发指的拍裸照、用筷子插下体、性凌辱等行为。对于不断丰富的暴力手段,网民表示这与成人社会中的不良气息侵染校园有极大关系,而学生间电子游戏、音像制品中血腥暴力情节的传播更加重了这一现象。网民担心,"丛林法则"①在校园不断蔓延将给学生成长带来极为负面的影响,而施暴手段"欺虐化"②更对被打学生的心理带来长久的影响。

（七）校园暴力后是否报警：被施暴者自我保护意识较弱

学生在经受校园暴力后,许多不会向警方寻求帮助,甚至都不会告诉父母和老师。如图6显示,57%的学生选择报警,还有

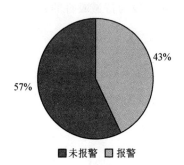

图6　被打学生在暴力事件后是否选择报警

---

① 丛林法则(the law of the jungle)是自然界里生物学方面的物竞天择、适者生存、优胜劣汰、弱肉强食的规律法则。丛林法则也可用来描述社会状态。

② 欺虐化一词最先由日本学者提出,表示一种欺凌、虐待他人的现象,反映出文化中强者崇拜、模范风习和集团主义等特征。

43%的学生选择不报警。由此可见,我国学生的法律意识和自我保护意识较弱,而网民指出这种"大事化小,小事化了"的心态不仅无助于解决问题,反而有可能助长施暴学生的气焰,带来更严重的后果。

不同的性别在经受校园暴力后也有不同的选择(如图 7),在女生参与的校园暴力事件中有 55%的受害者选择不报警,只有 45%的受害者选择报警;而男生参与的校园暴力事件中有 65%的受害者选择报警,35%的受害者选择不报警,正好形成相反的情况。相比女生参与的校园暴力事件,男生参与的校园暴力事件往往后果更加严重,被打者也会选择报警。

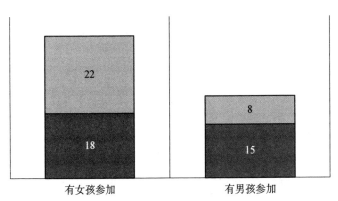

图 7　不同性别者参与校园暴力事件后的报警情况

(八)网民关注特点:关注度受事件本身影响

本研究根据新浪微博讨论量,将 2015 年互联网曝光的校园暴力事件的讨论量分为Ⅰ、Ⅱ、Ⅲ、Ⅳ等四个级别。Ⅰ级别讨论量最高,表示引起主流媒体和网民的普遍关注,有极大的讨论量;Ⅱ级别讨论量次高,表示有较大范围的媒体报道和网民关注;Ⅲ级别讨论量一般,表示有一定范围的网民关注;Ⅳ级别讨论量最低,表示仅有很小范围的网民讨论。①

　　根据上述标准,2015 年校园暴力事件对新浪微博讨论量划分结果如下图,Ⅰ级别讨论量事件共 13 起,占总体 22%;Ⅱ级别讨论量事件共 10 起,占总体 16%;Ⅲ级别讨论量事件共 15 起,占总体 25%;Ⅳ级别讨论量事件共 22 起,占总体 37%。

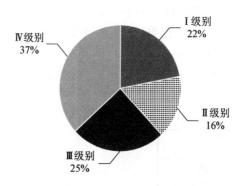

图 8　2015 年新浪微博曝光校园暴力事件讨论量

(九) 小结:2015 年校园暴力事件总体特征

　　本章我们依据参与者性别、参与者年级、参与人数、施暴手段、事后是否报警、新浪微博讨论量、发生时间、发生地点 8 个二级指标对 60 起互联网曝光校园暴力事件进行了类型分析,并且总结了每个指标对应的网络舆论情况。每个指标从不同角度表现了 2015 年校园暴力事件的特征:

　　低龄化。校园暴力事件中的参与者大都是十几岁的初中生,其中不乏小学生。本研究所包含的 2015 年 60 起校园暴力事件中,有初中生和小学生参与的事件高达 51 起,占总体的

---

① 本研究通过新浪微博搜索,输入事件名称后得到相关事件微博讨论量,其中包括主流媒体和一般认证用户讨论量,然后根据数量将事件划分为不同级别。

85%。例如"庆元男童遭多名初中生围殴事件"中的被打者为年仅 8 岁的小学生,打人者也只是几名初中学生。初中生正处于人格培养的关键时期,暴力事件发生对于他们的身心发展会产生极大影响。

女性化。在中国传统文化中女生需要保持温文尔雅、端庄贤淑的形象,但 2015 年校园暴力事件却呈现出明显的"女性化"趋势。本研究所整理的 2015 年 60 起校园暴力事件中,有女生参与的事件多达 40 起,占总体的 67%,这一统计结果与网民对女生的常规印象具有极大反差。

欺虐化。当下校园暴力事件的施暴手段已经不再是简单殴打,而是性质越发恶劣,往往伴随着五花八门的人格侮辱行为。本研究所包含的 2015 年 60 起校园暴力事件中,施暴手段包括人格侮辱行为的事件高达 21 起,占总体 35%。例如在"永新一女生遭围殴"事件中,打人女生一边嬉笑,一边怒骂,最后用矿泉水瓶和拖鞋砸被打女生脑袋。又如在"四川乐至一女生被脱光围殴"事件中打人者将被打女生衣服脱光,然后拍摄其裸照发送到互联网上取乐。

网络化。随着智能手机和网络自媒体的快速发展,校园暴力事件的曝光变得越来越网络化,施暴的视频或者图片迅速扩散,从而引起更加广泛的网民关注。

起因随意化。通过官方的事件通报来看,多数校园暴力事件都是由于很小的言语矛盾引起。在"浙江女生遭揪头发用鞋扇耳光"事件中,打人女生和被打女生都在读同一个中学,只因被打女生说打人女生"你的吃相太难看",从而引起报复。"庆元男童遭多名初中生围殴"事件的起因是被打男童和两名伙伴去冷饮店偷窃,一名小伙伴被抓,并且假称是和打人者一起进行偷窃。打人者得知被诬陷后,要求被打男童寻找诬陷者并"赔"他们一些钱,在没有得到钱后,打人者对被打男童心怀不满,遂对其进行殴打和凌辱。同学间一些小小的矛盾本可以口头解决,却最终演变成暴力事件,学校竟成了武斗场。

学生间的暴力行为在校园中已经存在了很长一段时间,学生之间一些小的争斗也被社会所接受。但是通过本研究对2015年互联网曝光校园暴力事件的类型梳理,我们现在的校园暴力事件的主体、性质和施虐程度早已与以往不同。我们认为类型指标中的参与者性别、参与者年级和施暴手段为最主要指标,其相对应的参与性别"女性化"、参与人群"低龄化"、施暴手段"欺虐化"已经成为现期校园暴力事件的最新特征。接下来,本研究将会通过两起典型案例,具体地分析校园暴力事件"女性化"、"低龄化"、"欺虐化"的特征,以及两起典型案例的相关网络舆论情况。

四、典型案例介绍及其舆情分析

2015年互联网平台曝光的校园暴力事件多达60起,上一节我们已经对其进行了类型分析,以及其中反映出的现今校园暴力事件女性化、低龄化和欺虐化等新特征。为了更好地体现当下校园暴力事件的这些新特征,本研究将选取两起网友新浪微博讨论量为Ⅰ级别、代表校园暴力最主要特征的典型案例进行分析。

另外,将对所选取的两起校园暴力典型事件——"永新一女生遭围殴事件"和"庆元男童遭多名初中生围殴事件"分别做网民态度分析。

(一)"永新一女生遭围殴"事件:校园暴力的女性化

1. 事件内容和舆情过程介绍

"永新一女生遭围殴"事件是一起典型的校园暴力事件,其

具体过程是一群初中女生对另外一名女生进行殴打,并带有各
种凌辱行为。打人视频在 2015 年 6 月 23 日传到互联网上后,
引起很大的舆论反响。在该视频中多名女孩对着另一下跪着的
女孩连扇耳光,不时用脚踹其身体,殴打时间长达 5 分钟,残忍
程度令人发指,引起了全国网民的高度关注。本研究通过新浪
微博微指数得出该事件的新浪微博数量走势图(图 9)。该事件
在 2015 年 6 月 23 日被曝出,2015 年 6 月 26 日到达舆论的高
潮,随后慢慢平息,到 2015 年 7 月 1 日舆论基本消退。

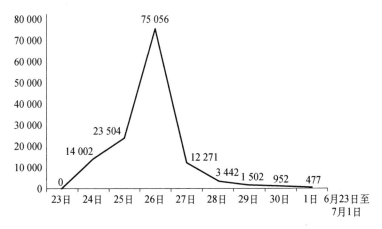

图 9　"永新一女生遭围殴"事件新浪微博数量走势图①

　　"永新一女生遭围殴"事件是一起发生在女生之间的校园暴
力事件,打人视频最先出现在微信公众号"掌上永新",随后被网
友传到新浪微博中,被相继转载评论。"@陈士渠""@任志强"
等大 V 参与转发,并表示对事件的关注。主流媒体方面"@人
民日报"、"@环球时报"、"@羊城晚报"等跟进对此事件进行报
道,从而引起了更大范围的讨论。新浪微博话题"♯永新打人♯"

几天之内阅读量高达5653.9万次,话题讨论量达到3.4万。①

2. 网民态度分析

本研究从微博大V和主流媒体关于"永新一女生遭围殴"事件微博下随机抽取网友评论200条,正面态度0条,占比0%;中立态度13条,占比6.5%;负面态度187条,占比93.5%。② 图10显示的是对200条微博评论具体内容分类及各自占比。

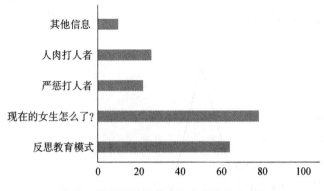

图 10　微博评论具体内容分类及各自占比

统计表明,32%的网民认为应该反思当下教育模式,包括家庭教育模式和学校教育模式;39%的网民质疑当下校园女生暴力倾向严重,"服装学社会"和"行为装大姐"盛行;11%的网民要求法律严惩打人者,不能简单地口头警告;13%的网友评论是转发打人者个人信息,如电话号码、家庭住址等;还有5%的网民评论讲诉自己过去的校园暴力经历、主张以暴制暴、举例外国同

---

① 数据来源:新浪微博微话题"♯初中生暴打小学生♯",采集日期:2016年1月4日,http://weibo.com/p/100808c89147bb115cfd2ad6defaf9cf4f17c6? k = % E5% 88% 9D%E4%B8%AD%E7%94%9F%E6%9A%B4%E6%89%93%E5%B0%8F%E5%AD%A6%E7%94%9F&from = 526&_from_ = huati_topic。

② 数据来源:通过新浪微博搜索词条,对搜索结果进行抽样所得,采集日期:2015年12月20日。

类事件的处理情况等等,这些评论占比较小,因此合并成一类。

以往网民理解中校园暴力常常发生在男生之间,该事件却是一群女生对另外一个女生进行殴打,视频显示被打女生期间更不断遭受欺辱。该事件打破了网民对女学生的传统印象,尤其是打人者粗鲁的语言、暴力的行为、欺辱的手段、社会化的着装更加强烈的冲击着网民眼球。总的来说,"永新一女生遭围殴"事件表现网民关于校园暴力女性化的论断,纷纷质疑当下家庭和学校对女生的教育模式。

(二)"庆元男童遭多名初中生殴打"事件:校园暴力的低龄化与欺虐化

1. 事件内容和舆情过程介绍

"庆元男童遭多名初中生殴打"事件是 2015 年最引起网民关注的校园暴力事件之一,该事件以其手段残忍、欺辱现象严重、被打者年龄小等特点而引发激烈讨论。在此事件中,多名初

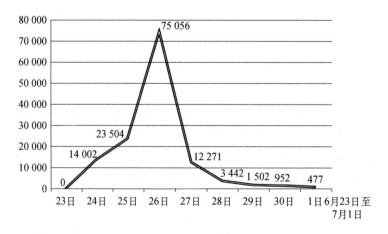

图 11　"庆元男童遭多名初中生殴打"事件新浪微博数量走势图①

① 数据来源:新浪微博微指数,采集日期:2016 年 1 月 5 日。

中生对一男童进行围殴,用烟头将其烫伤。视频在 2015 年 6 月 21 日被传到新浪微博上,几名大 V 迅速转载,视频显示一名小男孩上身被绳索捆着,关在屋里,被两名年长一些的男生追打,甚至还将点燃的烟头扔到小男孩的衣服内。男孩哭泣求饶,也无济于事。视频全长 2 分 11 秒,打人学生的欺虐行为引发网民的愤慨。图 11 显示出庆元男童遭多名初中生殴打事件相关微博数量走势,新浪微博讨论量在 2015 年 6 月 22 日到达顶峰,相关微博数量接近 140 000 条。

被打男童是当地小学一年级的学生,只有 8 岁,而几个打人者为初中学生,年龄都不到 14 岁。此事件施暴手段特别残忍,2 分 11 秒的打人视频发到新浪微博后,马上被网友大量转发。多名大 V 转发评议,网民舆论持续发酵,呼吁人肉、严惩打人者的呼声逐渐增强。主流媒体认证微博"@人民日报""@环球时报""@澎湃新闻""@法制晚报"等发表相关微博并评论,舆论走向高潮。一时间将浙江庆元县政府部门推向舆论的风口浪尖。新浪微博微话题"♯初中生暴打小学生♯"几天之内阅读量达到 2 043.2 万次,话题讨论量达 2 万条。[1]

2. 网民态度分析

本研究从相关大 V 和主流媒体关于庆元男童遭多名初中生围殴事件微博下随机抽取网友评论 200 条,正面态度 0 条,占比 0%;中立态度 21 条,占比 10.5%;负面态度 179 条,占比 89.5%。[2] 图 12 显示的是对 200 条微博评论具体内容分类及

[1] 数据来源:新浪微博微话题"♯永新打人♯",采集日期:2016 年 1 月 5 日,http://weibo.com/p/100808519648d52a420cd04e84c4f34b3b208a? k = % E6% B0% B8% E6% 96% B0% E6% 89% 93% E4% BA% BA&from = 526&_ from_ = huati_topic。
[2] 数据来源:通过新浪微博搜索词条,对搜索结果进行抽样,每隔 10 条抽取一条进行分析.采集日期:2016 年 1 月 5 日。

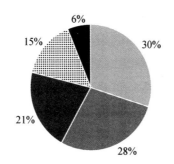

　　6%
15%　　　　　　　30%

21%

　　　28%

▨ 谴责打人者　■ 反思未成年人保护法
■ 转载打人者信息　▦ 谴责虐待行为　■ 其他

图 12　微博评论具体内容分类及各自占比

各自占比。

　　本研究抽取的网民评论样本中,30%的网民谴责打人者的
暴行,关心被打男童的身体和心理情况;28%的网民认为发生这
样的暴力事件应该反思我国目前的未成年人保护法,认为未成
年人保护法对于打人者的处罚往往力度不够,未能形成有效的
震慑作用;21%的网民转载打人者的信息,并呼吁大家人肉打人
者父母的信息,这种行为也体现出网民的不理性态度;15%的网
民为打人者的手段感到震惊,强烈地谴责虐待儿童的行为。还
有6%的网民评论认为被打儿童也有一部分原因、对身为庆元
人感到惭愧、回忆自己的遭遇等等,因为所占比重较小,就将这
几类合并为其他类。

　　庆元男童遭多名初中生围殴事件已远超学生间正常冲突的
范围,其欺虐性质尤其明显,而被打学生的年龄又特别小,很难
想象如此残忍的行为发生在低龄学生之间。网民认为这起事件
已经反映出校园暴力向低龄儿童蔓延的趋势,以及暴戾气息对
学生观念的侵蚀。另外相当数量的网民认为《未成年人保护法》

并没有很好地起到保护中小学生的作用,对打人学生的处罚力度不能形成有效的震慑效应。

五、小结与建议

通过对 2015 年网曝校园暴力事件的梳理和典型案例的分析,我们可以明显地看出当前校园暴力涉及主体更加广泛,从本科生到高中生再到小学生,"低龄化"情况明显。暴力手段更加多样,从拳打脚踢到拍裸照,"欺虐化"问题不断升级。校园暴力也不再专属于男生,女生参与的校园暴力事件甚至比男生参与的更多,"女性化"现象突出。解决校园暴力的"低龄化"、"欺虐化"、"女性化"特点成为家长、学校和教育主管部门的当务之急。在互联网飞速发展的今天,了解网民的态度对于我们把握全社会对于校园暴力的看法具有重要意义,因此本研究在给出建议之前将重点考察网民的态度。

(一) 网民态度考察:从单一人肉搜索到理性思考

许多视频拍摄学生出于某种扭曲的炫耀感、自豪感,将打人视频传到互联网上,这才将本是具有极大隐蔽性的校园暴力事件曝光到大众视野中,从而引起网民的关注。校园暴力视频的曝光总能引起一定程度的网民讨论,少数性质特别恶劣的事件甚至成为全网的舆情热点,例如"永新一女生遭围殴"事件一天之内成为新浪微博最热搜索词第二名。我们传统观念认为网民舆论总是不理性的,大多是简单的情感宣泄,喜欢人肉其他人。但由于校园暴力事件离我们现实生活并不远,很多网民甚至亲身经历过校园暴力,因此大部分网民对校园暴力能理性以待,积极寻找原因,并给出各种解决办法。例如在"永新一女生遭围殴"事件中 32% 以上的网民认为应该反思当下的教育模式,而在"庆元一男童遭多名初中生围殴"事件中 28% 以上的网民认为应该反思未成年人保护法的落实状况。所以本研究认为网民在校园暴力事件的舆情中已经摆脱单一人肉搜索的模式,转向理性思考。表现在以下两个方面:

表现一:反思 2015 年校园暴力事件频发的原因

本研究通过新浪微博搜索,以校园暴力事件原因为搜索对象,以 2015 年 1 月 1 日到 2015 年 12 月 31 日为筛选条件,得到 2015 年新浪微博用户关于校园暴力事件原因的评论。我们从所有评论中抽样 200 条新浪微博用户评论做内容分析[①],统计结果如下:

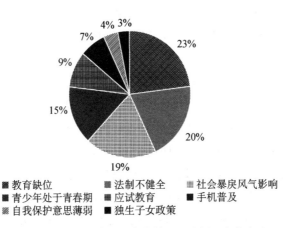

图 15　网民关于校园暴力事件原因分析及各自占比

我们从图 15 可以看出网民关于 2015 年校园暴力事件频发的归因。23% 的网民认为道德教育缺失是导致校园暴力事件频发的主要原因;20% 的网民认为法制不健全,尤其是针对打人者的惩罚过于宽松没有起到威慑作用;19% 的网民认为当下浮躁

---

① 数据来源:通过新浪微博搜索词条,对搜索结果进行抽样,每隔 10 条抽取一条进行分析.采集日期:2016 年 1 月 5 日。

的社会风气影响到校园,学生之间也变得暴戾;15%的网民则认为打人学生正处于青春期,而青春期的学生更容易暴躁、动怒;9%的网民则把责任归咎于应试教育,刻板教育模式让学生之间关系变得更加冷漠;7%的网友认为是智能手机的普及使得校园暴力事件更加容易被曝光;3%的网友认为当下独生子女模式,养成了一些"小公主""小少爷",甚至父母纵容孩子的错误行为;4%的网友认为当下校园暴力事件频发源自于学生的自我保护意识薄弱,遇到暴力事件不懂如何处理;还有 3%的网民主张其他的原因,比如说学生之间的恶性竞争、打人者法律意识薄弱、社会贫富差距过大等,由于数量较少将他们归为一类。总的来说,网民对于校园暴力事件频发的原因还是有比较深刻见解的。

每一起校园暴力事件的曝光都牵动着广大网民的心,在对打人者谴责的同时网民总会问"为什么"和"怎么了"。例如,"@计平面 14 团支部"发问"不明白,最近校园暴力越来越多,为什么被曝光那么多的校园事件还是有那么多人忠于这件事来犯,是惩戒的不够还是学校的隐瞒还是家长的肆意放纵?""@神秘宇宙 007"质疑"现在的校园暴力事件是越来越多了,现在的学生都怎么了,为什么变得这么残忍冷漠","@诺爱儿_naihuto"认为"现在的青年大部分都有'我是未成年,反正坐不了牢'的想法","@带着悠嘻猴去旅游"更认为"对未成年人的溺爱太多了,赔钱就没事了"的想法纵容了校园暴力行为的滋长。

表现二:主张学习西方发达国家如何处理校园暴力事件的做法

2015 年的夏天在大洋彼岸也曝出了震惊中美的洛杉矶地区中国留学生绑架殴打同伴的案件,该案件涉及人数众多,且都是中国留学生。根据美国法律，"酷刑罪"如果成立有可能面临终生监禁。此事件在中国网络上同样引起网友热议，网民一方面感叹国外法律对于校园暴力处理的严厉，另一方面认为中国《未成年人保护法》有待完善。《未成年人保护法》是我国目前保护未成年人的主要法律，而该法却将未成年学生当做一个整体，却没有意识到未成年学生之间相互倾轧现象严重。以往针对学生间的暴力行为处理办法都是主张默认协调机制，即双方家长之间共同处理，而没有上升到法律层面。

随着互联网的发展，全球信息交流更加便利，类似留美女学生绑架殴打同伴的国外校园暴力新闻迅速传到国内，加上新闻媒体的跟踪报道，网民能够获得大量有关外国政府处理校园暴力事件的信息。许多网民希望能够学习西方发达国家做法，通过加强司法处理力度来遏制当下校园暴力现象的蔓延。例如，网民"@4门510"主张"（国内处理校园暴力事件时）请参考美国留学生虐待案"，"@我叫戈飞"觉得"国内遇到（校园暴力发生）时就不了了之，应该看看美国是怎么判的"。

（二）建议

通过以上分析，本研究已将2015年校园暴力事件的网络舆情状况较为全面、客观、准确地呈现出来，为了更好地解决校园暴力问题，应广大网民的舆论要求，我们提出以下三点建议：

建议一：完善家庭和学校教育方式

家庭和学校作为孩子社会化的重要场所，对于青少年价值观和人格养成具有重要的作用。因此在解决校园暴力问题过程中，完善家庭和学校教育方式具有首要作用。具体措施包括：第一，家庭教育方式需要改变。在计划生育政策下，多数家庭只有一个孩子，父母对孩子宠爱有加，对其所犯错误重视程度不够，有时甚至是放纵其恶行。对于家中的"小公主"，家长要积极改变"女儿富养"的传统观念,培养其尊重他人、拒绝暴力的观念。第二,学校教育要重视德育。当下我国学校普遍实行应试教育,中考、高考等存在使学校重视学生考试成绩而忽视学生的道德教育和素质教育。先做人、再做事,学校和老师必须重视学生间的暴力行为,从小重视其道德素养教育。

建议二:呼吁学习国外立法经验,加强未成年人保护

中国留美女学生绑架殴打同伴事件在互联网上引起热议,网民对施暴者的暴虐行为表示震惊,同时也深深感到中美法律关于校园暴力事件处罚力度的差距。中国教育部门和立法部门对于学生间的校园暴力事件重视程度不足,对于打人者的处理力度也较轻。他山之石可以攻玉,学习国外先进立法经验尤为必要:英国专门制定了针对校园欺凌的政策法规,甚至可以追究老师和学校的管理疏忽责任;在德国,幼儿园和小学一开始就对孩子进行"善良教育",培养学生的友爱之心。学校对于那些屡教不改的学生,有权把他们送达"不良少年管教部门"予以强制管教;美国近年来也向部分州的学校派驻警察,警察除了维护学校秩序外,还负责督学工作。① 我国立法者可以学习西方发达国家有关校园暴力事件的经验,加强对未成年学生的法制教育和法律保护,严惩学生间的欺虐行为。

建议三:针对网络舆情要坚持"引导风气,为我所用"的宗旨

了解网民关于校园暴力的态度倾向,对于把握社会大众的想法具有重要的意义。不同于以往关于网民舆论片面且偏

---

① 网易江门,他山之石:国外如何处理校园暴力? 采集日期:2016 年 1 月 8 号。http://jm.news.163.com/15/1017/14/B64RBJ6B035919QO.html

激的刻板印象,本研究发现网民在面对校园暴力事件时,表现出了理性的一面,提出了很多有意义的建议。如加强学生道德教育、改善学校的管理方式等。所以,在面对互联网舆情时,教育主管部门应耐心倾听网民呼声,及时作出回应并积极吸纳网民的有益见解。

综上所述,虽然网络舆论中的观点会有失偏颇,但网民观点在很大程度上能够代表当下社会对于校园暴力事件的看法和态度,其理性的思考对于解决问题更是大有裨益。针对当下频频发生的校园暴力事件以及最新出现的"低龄化"、"女性化"、"欺虐化"等特征,家长、学校和政府教育职能部门必须根据舆情走向采取科学的办法,做出相应的改变,为学生创造一个更加美好的校园环境。

附录　2015 年校园暴力事件梳理

编号	时间	事件名称	地区	性别	人数	年级	施虐手段	是否报警	新浪微博关注度
1	12.26	广东廉江一红衣女孩被几个同龄女生扇耳光	广东	女	多人殴打1人	初中	肢体殴打	报警	II
2	12.21	营山一男子被两女子扇耳光,罚跪	四川	男女一起打男孩	多人殴打1人	初中	肢体殴打加人格侮辱	未报警	III
3	12.16	福建省漳州市一女生遭多名女生暴打	福建	女	多人殴打1人	初中	肢体殴打	未报警	IV
4	12.7	惠州市第八中学发生校园暴力	广东	男	多人殴打1人	初中	肢体殴打	未报警	II
5	12.7	黎川二中一名女生在校门口遭多名女生扇脸	江西	女	多人殴打1人	初中	肢体殴打加人格侮辱	未报警	III
6	12.1	男生持钢管猛打另一男生头部24棍	湖北	男	多人殴打1人	初中	持械殴打	报警	I

续 表

编号	时间	事件名称	地区	性别	人数	年级	施虐手段	是否报警	新浪微博关注度
7	11.30	江西省抚州东乡二中惊现校园暴力	江西	女	多人殴打1人	初中	肢体殴打	未报警	I
8	11.25	甘肃一初中女生6分钟被同学扇了38下	甘肃	女	多人殴打1人	初中	肢体殴打	未报警	III
9	11.19	沧州青县一中学生暴力打人	河北	女孩打男孩	多人殴打1人	高中	肢体殴打	未报警	III
10	10.31	浙江吉利工业学院发生暴力事件	浙江	男	多人殴打1人	职高	持械殴打	未报警	II
11	10.23	衡阳市南方大厦前一群女生围殴	湖南	女	多人殴打1人	初中	肢体殴打	未报警	II
12	10.15	贵阳市金阳医院病房住着一个可怜的孩子	贵州	男	多人殴打1人	初中	持械殴打	报警	II
13	10.14	河南省焦作某中学初中女生被逼跪在地吃垃圾	河南	女	多人殴打1人	初中	肢体殴打加人格侮辱	未报警	III

续　表

编号	时间	事件名称	地区	性别	人数	年级	施虐手段	是否报警	新浪微博关注度
14	10.9	河南南乐县元村镇某中学再现校园暴力	河南	女	多人殴打2人	初中	肢体殴打	报警	Ⅲ
15	10.9	湖南省邵东县双泉铺中学二名女生约架互殴	湖南	女	两人互殴	初中	肢体殴打	未报警	Ⅳ
16	10.7	石家庄正定县南楼中学一女生遭多名同学连扇耳光	河北	女	多人殴打1人	初中	肢体殴打加人格侮辱	未报警	Ⅳ
17	10.5	石家庄市栾城区第五中学四名女生围殴一名女生	河北	女	多人殴打1人	初中	肢体殴打	报警	Ⅱ
18	9.27	南昌象湖实验学校一女生遭外校学生殴打近三小时	江西	女	多人殴打1人	初中	肢体殴打加人格侮辱	报警	Ⅰ
19	9.23	尤溪多名初中生围殴一女生	福建	女	多人殴打1人	初中	肢体殴打	报警	Ⅰ
20	9.14	江西司法警官职业学院的男生宿舍里，两名室友发生斗殴	江西	男	两人互殴	大专	持械殴打	报警	Ⅰ

续　表

编号	时间	事件名称	地区	性别	人数	年级	施暴手段	是否报警	新浪微博关注度
21	8.2	江西九江修水县英才中学校园暴力视频曝光	江西	女	多人殴打1人	初中	肢体殴打	未报警	Ⅲ
22	7.18	贵州毕节纳雍县八年级留守学生郑雄被围殴死亡	贵州	男	多人殴打1人	初中	肢体殴打	报警	Ⅲ
23	7.15	江苏宿迁初二学生小博被围殴致死	江苏	男	多人殴打1人	初中	持械殴打	报警	Ⅱ
24	7.5	海丰少女被施暴后，一位单亲母亲的恳求	广东	女	多人殴打1人	初中	肢体殴打	报警	Ⅱ
25	7.4	商洛十几名学生校外围殴一女生	陕西	女	多人殴打1人	初中	肢体殴打	未报警	Ⅳ
26	7.2	女生遭揪头发用鞋扇耳光只因说了"你的吃相太难看"	浙江	女	多人殴打1人	初中	肢体殴打加人格侮辱	报警	Ⅲ
27	6.30	汉中市15岁女孩疑偷15元遭6名室友掌掴	陕西	女	多人殴打1人	中专	肢体殴打加人格侮辱	未报警	Ⅳ

续　表

编号	时间	事件名称	地区	性别	人数	年级	施虐手段	是否报警	新浪微博关注度
28	6.29	广东从化一智障男生遭同学戏弄棒打	广东	男	多人殴打1人	初中	持械殴打加人格侮辱	未报警	I
29	6.29	重庆15岁少年被同学殴打致死	重庆	男	多人殴打1人	初中	持械殴打	报警	IV
30	6.26	信阳数百名中学生打群架	河南	男	群殴	初中	肢体殴打	未报警	I
31	6.25	南宁一女生遭多名同学群殴	广西(自治区)	女	多人殴打1人	初中	肢体殴打	未报警	III
32	6.24	江西南丰一初中女生被学妹轮流掌掴	江西	女	多人殴打1人	初中	肢体殴打加人格侮辱	未报警	III
33	6.23	永新一中女生遭围殴	江西	女	多人殴打1人	初中	肢体殴打加人格侮辱	报警	I
34	6.22	广西北海市多名中小学女生围殴一小学女生	广西(自治区)	女	多人殴打1人	初中和小学	肢体殴打	报警	IV

续表

编号	时间	事件名称	地区	性别	人数	年级	施虐手段	是否报警	新浪微博关注度
35	6.21	四川乐至一女生被脱光围殴	四川	女	多人殴打1人	初中	肢体殴打加人格侮辱	报警	II
36	6.21	湖南怀化一学生遭8名学姐围殴	湖南	女	多人殴打1人	初中	肢体殴打	报警	IV
37	6.21	庆元男童遭多名初中生殴打	浙江	男	多人殴打1人	初中和小学	肢体殴打加人格侮辱	报警	I
38	6.17	福建泉州两初中女生殴打小学女生	福建	女	多人殴打1人	初中和小学	肢体殴打	报警	IV
39	6.16	河北邯郸技师学校一男生因纠纷欲死同学	河北	男	两人互殴	中专	持械殴打	报警	IV
40	6.16	济南一中学多人暴力殴打一名同学	山东	男	多人殴打1人	初中	肢体殴打	报警	II
41	6.16	江西赣州于都中学一女生遭两人暴打	江西	女	多人殴打1人	初中	肢体殴打	未报警	IV

续表

编号	时间	事件名称	地区	性别	人数	年级	施虐手段	是否报警	新浪微博关注度
42	6.10	广东一小学生被两名辍学学生打伤	广东	男	多人殴打1人	初中和小学	肢体殴打	报警	IV
43	6.8	福建福州一男生遭围殴牌脏被切除	福建	男	多人殴打1人	初中	肢体殴打	报警	IV
44	6.4	江苏南京一中学生遭同学殴打勒索、被逼吃屎	江苏	男	多人殴打1人	初中	肢体殴打加人格侮辱	报警	III
45	5.20	江苏盐城女生被侮辱殴打	江苏	女	多人殴打1人	初中	肢体殴打加人格侮辱	报警	III
46	5.19	辽宁沈阳官实验学校篮球暴力事件	辽宁	男	群殴	初中	持械殴打	未报警	IV
47	5.15	山东临沂兰陵县中学女生河边围殴同学	山东	女	多人殴打1人	初中	肢体殴打加人格侮辱	未报警	IV
48	5.10	江苏连云港女大学生被扒光殴打	江苏	女	多人殴打1人	大学	肢体殴打加人格侮辱	报警	I

续表

编号	时间	事件名称	地区	性别	人数	年级	施虐手段	是否报警	新浪微博关注度
49	5.8	广东海丰县 14 岁女生被同扒衣全裸殴打	广东	女	多人殴打 1 人	初中	肢体殴打加人格侮辱	报警	Ⅳ
50	5.8	安徽蚌埠小学生遭班长勒索	安徽	男	勒索	小学	人格侮辱	报警	Ⅰ
51	4.30	福建南安初一男生被同学殴打	福建	男	多人殴打 1 人	初中	持械殴打	报警	Ⅳ
52	4.29	上海医药中职一女生被轮流扇耳光	上海	女	多人殴打 1 人	中专	肢体殴打加人格侮辱	未报警	Ⅳ
53	4.24	浙江嘉兴多名初中女生围殴一女生	浙江	女	多人殴打 1 人	初中	肢体殴打	报警	Ⅳ
54	4.24	福建漳州女生被 7 女 3 男扒光外衣殴打	福建	男女一起打女孩	多人殴打 1 人	初中	肢体殴打加人格侮辱	未报警	Ⅲ
55	4.17	北京 105 中学一女生遭轮番扇耳光	北京	女	多人殴打 1 人	高中	肢体殴打	报警	Ⅲ

续　表

编号	时间	事件名称	地区	性别	人数	年级	施虐手段	是否报警	新浪微博关注度
56	4.17	山西夏县一中学生厕所内遭围殴	山西	男	多人殴打1人	初中	肢体殴打	报警	IV
57	4.9	山东邹城初二女生宿舍内被室友殴打	山东	女	多人殴打1人	初中	肢体殴打	未报警	IV
58	3.25	辽宁大连一高中女生被学妹轮番施暴	辽宁	女	多人殴打1人	高中	肢体殴打	报警	IV
59	2.28	云南富宁县一中学女生在宿舍内遭围殴凌辱	云南	女	多人殴打1人	初中	肢体殴打加人格侮辱	报警	I
60	1.9	广西宾阳县初中女生打群架	广西	女	群殴	初中	肢体殴打	未报警	I

高校反腐问题的网络舆情研究报告

一、前言

十八大以来,随着反腐倡廉各项行动的展开,各地、各级官员相继落马,反腐已经成为社会各界的热门话题。近年来高校腐败问题的频发,使得高校反腐成为除官员队伍反腐之外新的舆论热点。

高校相对于社会的封闭性使之易成为一个"独立王国"。社会上民众对于高校的认知存在偏差,认为高校就是个清水衙门。同时高校教师和领导有较高的社会声望,代表了理性自律的知识分子形象,导致了社会对于高校腐败行为缺乏重视,没有起到外部监督的作用。事实上高校内部行政化程度高,行政权力与学术权力都集中于部分校领导手中,权力制约机制难以发挥有效作用。目前,高校反腐倡廉建设成果喜人,揪出了不少害群之马,但我们也需认清形势,教育体制改革已经迈入新的历史阶段。体制变革必然伴随着利益重组,在这一时期,制度漏洞或多或少被部分人员利用,成为滋生腐败的温床。绝大部分高校领导干部都是行政教学一把抓,存在着缺乏管理经验精力不足的问题,同时部分领导干部党性不纯觉悟不高,抵制诱惑的决心不强,易受到腐败侵蚀。高校反腐倡廉形势依然不容乐观,"打虎捕蝇"刻不容缓。

自媒体时代,高校反腐这一话题不再局限于教育场域内,也不再仅依靠官方媒体的披露,对高校反腐问题的讨论也频频出现在网络上,网民通过微博、微信等自媒体平台广泛参与其中。以微博为代表的互联网平台是了解社情民意的有力工具,网民们能够自主地对事件和现象发表评论。本研究试图通过分析媒体披露的事实以及网民在网络中的言论,来探究民众对于高校反腐问题的态度。

二、研究设计

本研究以新浪微博为载体,对媒体微博进行抽样,并对所抽微博信息进行内容分析,探究网民对"高校反腐"这一话题的态度。具体抽样设计如下:

首先,在新浪微博搜索框中抽取粉丝量在10万人以上的媒体微博作为样本,样本总量为28个,涉及面比较广泛。其次,对这28个样本在"2015年1月1日至2015年12月31日"期间的信息进行整理记录,找出涉及高校反腐问题的微博,编制成数据库,其中包含网民对涉及高校反腐问题微博的评论,并对网民评论进行抽样。最后,通过对上述媒体微博样本中网民的有效评论和转载进行定性分析,从而得出网民的观点和态度。

考虑到微博有效评论涉及的信息不够充分全面,本研究还将运用人民网舆情监测室的部分数据,从全网范围补充抓取相关信息,从而对微博平台的抽样分析作出有效补充。

三、高校反腐全貌分析

大学曾被人们誉为象牙塔,是专注于教学科研、人才培育的"净土"。然而,近年来频发的高校腐败案,却时刻提醒着人们,高校并非清净之地,教育部门也不完全是清水衙门,"象牙塔"里发生的腐败,同样触目惊心。

　　根据中央纪委监察部网站公布的信息整理,截至 2015 年 12 月 31 日,该年度累计有 34 所高校的 53 名领导被通报处理,其中"双开"11 人,受党内严重警告处分的有 8 人,警告处分 6 人,仍有 16 人正接受组织调查。2015 年各月份高校反腐通报人数如下图 1 所示。

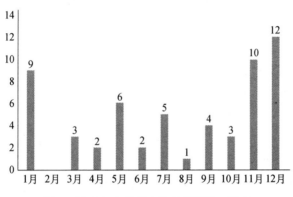

图 1　2015 年各月份高校反腐通报人数表

　　53 名领导干部被通报处理,平均每周就有一名高校领导被通报。随着年末反腐力度加大、反腐范畴拓宽,11、12 月通报人数为全年之最。12 月份频数最高通报 12 人,其中仅 12 月 1 日一天内就集中通报了 9 人,为单日通报峰值。紧随其后的是 11 月份的 10 人和 1 月份的 9 人。

　　2015 年以来,教育部巡视组进驻各高校,加强高校内部监管。10 月,中央对教育部工作也进行了巡视,派遣第八巡视组进驻教育部开展专项工作,可谓双管齐下前呼后应,中央对教育部的巡视也给教育部的高校巡视组施加了一定压力,杜绝了高校巡视中部校勾结的可能。与此同时,中央对教育部直属高校的延伸监督和突击检查也同步进行,重点整治作风违纪问题,一经发现严惩不贷。因此 11 月、12 月成为了作风违纪问题的集中通报期。

(一) 高校反腐的五大领域

自推行高等教育大众化以来,高校与市场经济的联系日益紧密。为适应招生扩张,新校区修建、设备翻新、自主招生等举措成为高校建设的主要日程,高校这些领域拥有的自主权增大,经费来源也从单一的政府拨款转变为多渠道、多方位的筹资。在这一背景下,部分高校领导干部利用职务以权谋私,被披露通报的涉嫌违规违纪违法的案件也日趋增多。

1. 高校招生

据网易新闻报道,中央纪委驻教育部纪检组副组长、监察局局长徐开濯警示招生是教育腐败重点领域。2015 年北京市查处高校腐败案件数为 2008 年的两倍,其中招生领域被查处案件占总数一半以上。

虽然教育部门要求高校招生秉承公正公开的原则,但对于公开程度并未明确界定,缺乏细则。以自主招生为例,公开程度最高的省份也仅公示考号、姓名、性别、报考类别等 7 项最基础的信息,而最关键的笔试判卷标准、面试评价标准等指标却不在公示之列,况且就最基础的信息公众也无从监督,暗箱操作的空间由此滋生。由于评价标准透明度低、评价过程主观性强、面试阶段"运作"空间大等问题难以摒除,部分高校在此过程中将自主招生异化为保送领导子女的"直通车"。南方某高校主管招生的领导向凤凰网记者透露,近十年的保送名额,大部分被用于为厅局级领导干部子女"开后门"。澎湃新闻于 5 月 9 日发布了一篇题为"中央民族大学音乐学院院长孟新洋被带走调查"的报道,文中直指孟某利用其招生领域的权力,为他人开方便之门,收受贿赂,因此被带走接受调查。

2. 后勤基建

在大学扩招的新形势下,国家加大了对高校的投入,高校基础设施建设如火如荼。部分主管基建的高校官员利用监管漏洞,或勾结财务侵吞项目经费,或以权谋私与开发商进行权钱交易,且涉案金额巨大。后勤基建领域往往潜伏着“大老虎”。

2015年4月10日,四川大学原副校长安小予涉嫌受贿一案在绵阳公审。自2001年以来,安小予先后担任四川大学规划建设处处长、校长助理、新校区建设指挥部副指挥长、副校长等职务,在任期间利用职务之便,在新校区建设中为承建商大开方便之门,并私下收受承建商所送的现金、银行卡、越野车等财物,价值人民币353.4万元。成都中医药大学党委书记和校长等几个“一把手”在任期间合谋腐败,金额巨大令人震惊。根据检察机关指控,该校原党委书记张忠元和原党委副书记、校长范昕建在2006年至2012年间,收受工程承包商贿赂财物,总计高达1 200余万元人民币。

3. 科研经费

科研经费本应是高校提升教学科研水平的物质基础,却由于缺乏相应的法律法规和审核监督机制,成为了部分害群之马的“后花园”。项目从立项到发放经费所走程序过于简单,中期审核应付了事,经费使用缺乏监管,导致科研经费流失。购买发票、一份发票重复报销、编制虚假账目等手段层出不穷,科研经费可谓予取予求。

西安理工大学原校长、党委副书记刘丁,在科研经费审批过程中要求项目负责人给予回扣,利用回扣购置豪车,同时非法侵占科研经费以供其日常生活开销。浙江大学水环境研究院原院长陈英旭,授意其博士生以开具虚假发票、编造虚假合同、编制虚假账目等手段,将近千万元的专项科研经费套取或者变现,非法占为已有。中国农业大学教授、中国工程院院士李宁利用职务便利,用虚假发票套取科研经费并转入本人控制的公司,先后贪污公款 2 000 余万元之巨。

4. 独立董事

高校教师凭借良好的社会声望和学术背景,成为当下上市公司独立董事的首选。聘请高校教师作为公司独董,有利于公司树立良好的社会公众形象,并利用高校知名教师的社会网络为公司盈利提供帮助。部分高校教师借助独立董事这一兼职,违规取酬、拿回扣,担任独董俨然成了高校教师"创收"的新路径。据近两年公开信息统计,沪深两市上市公司的独立董事近三分之一来源于高校教师队伍,这一比例已远超曾经红极一时的官员独董。

据通报,12 月 1 日对外经济贸易大学党委常委、副校长刘亚在 6 家公司兼任独董期间取酬人民币 126.6 万元,兼职情况未向校方和党组织报告,兼职取酬也未在领导干部个人有关事项报告中申报。国际商学院原院长汤谷良在 4 家上市公司兼任独董期间取酬人民币 152.9 万元、港币 120 万元,汤某虽向学校报告了兼职,但隐瞒了取酬问题。除了被处以党内严重警告处分并追缴违规兼职所得外,刘亚被免职,汤谷良则被降职。根据同花顺数据整理,11 月 27 日至 12 月底,共计将有 274 位独立董事离职。

5. 作风问题

2015 年通报查处的违规违纪行为中,除了早前利用职权收受侵吞钱款,谋取不正当利益这类涉嫌贪腐违法的事件之外,还有很多看似更"小"的工作和生活作风问题。

中国传媒大学校长等三名领导干部因公务用车超标或办公室面积超标被查处,中央音乐学院校长涉嫌利用职务超标为女儿操办婚礼,并接受非正常优惠价格。这反映出高校反腐的新动向,反腐利剑不只斩"大老虎",对"苍蝇"同样不能手下留情。除上述因个人作风纪律问题被通报外,2015 年被通报的领导干部中有 15 人是由于工作中监管不严、失职或是接受监察机关调查时隐瞒真相、提供虚假材料,这一类约占被查处总人数的41%,体现出高校反腐注重作风违纪问题的新态势,有利于敦促高校领导加强监管,履行好份内职责。

(二)贪腐的行为特征:隐蔽化多样化

根据中纪委公开的高校领导腐败案件情况,十八大以来高校腐败案件涉案领导的贪腐行为呈现隐蔽化多样化的特征。

贪腐行为隐蔽化是指随着职务的升迁,腐败人员的贪腐手段也更加隐蔽。不少腐败分子在日常工作生活中的形象极具欺骗性,工作上任劳任怨,生活中两袖清风,作风问题一丝不苟,在同事和学生群中颇有声望,甚至还是廉政典型。

贪腐行为多样化是指被查处的原因趋于多样。2015 年已经被查处 37 人中有 2 人因为违规兼职取酬被查处,有 3 人因为违规超标用车或办公用房超标被查处,还有 1 人因为违规为其女操办婚礼被查处。除个人作风违规原因被通报的,还有 10 人是因监管不严而被通报。另外,还有 5 人由于"提供虚假情况和材料"被查处。如下图 2 所示。

(三)贪腐的高校层次:一本院校沦为重灾区

学校层次越高,领导干部的职权也就越大。同时重点院校所掌握的办学资源丰富非一般院校可比,人力财力物力相对一般院校更为集中,因此出现腐败的可能性也相应更高。

根据公开数据显示,2015 年被通报的高校领导干部中,33人来自一本院校,约占总人数的 62%,明显高于二本院校、三本院校与高职专职。其中,有 21 人属 985、211 工程院校,约占被

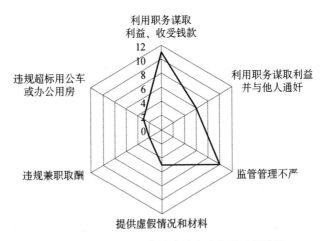

图 2　2015 年高校反腐被查处者涉案原因雷达图

通报总人数的 40%。中国传媒大学、中央音乐学院、北京邮电大学、对外经贸大学等知名院校都出现了涉嫌贪腐的情况。13 人来自二本院校占总人数的 25%,另有 7 人来自高职高专约占 13%。如下图 3 所示。

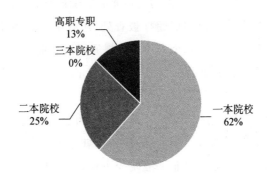

图 3　2015 年高校反腐被通报者所在学校类别分布图

(四) 小结:重点打击,全面布防

从 2015 年的高校反腐行动来看,在自主招生、后勤基建

以及科研经费等"传统"领域的"打虎"仍是重中之重。在坚持严厉打击利用职务之便谋取钱财收受贿赂这类严重的违纪违法之外,一些之前不曾获得重视关注的简单违规违纪行为也被纳入到反腐行动的打击范围中,如违规兼职并获酬、用车用房超标、为儿女大办婚礼等。这反映出高校反腐的利剑指向领导日常工作中的每一个细节,同时体现出高校反腐在向纵深推进。

高校反腐的重点由查处违法犯罪问题扩展到作风违纪问题,向新的纵深方向推进,把触角伸向师生身边的腐败问题。办公面积超标、公车私用、婚丧嫁娶等问题虽然看似"小",但是伤害很大,它会损坏高校的形象;小弊不除,大错难避,对类似"小"问题的忽视易使领导干部在违纪道路上越走越远,深陷其中,积弊以久最终可能导致从违纪堕入违法犯罪。

四、媒体与网民态度

针对这一年以来的高校反腐行动,媒体在事件披露方面成效显著,及时报道了相关信息,并在微博平台上与网民进行互动,就高校贪腐频发问题给出了相应的解决建议。首先,规范自主招生领域的行为最为紧迫,因为该领域的违规违纪社会危害最大,需要尽快完善法律法规;在后勤基建与科研经费这两个传统"打虎"重点区域,去行政化建立现代大学制度势在必行;违规兼职取酬和作风问题是2015年高校反贪腐的新重点,也体现了高校反贪腐将进入新纵深的趋势,应予以关注。网民在评议自主招生、后勤基建、科研经费的贪腐犯罪时,与媒体看法一致,大多义愤填膺并呼吁加快推进高校去行政化改革,然而在面对高校反贪腐的新形势时,网民却停留在表面,出现了不理智的"同情"行为,认为处罚过于严厉。

（一）媒体：高校反腐需将权力关进牢笼

不同于其他国家，我国高校校长由政府部门任命，拥有行政级别，权力颇大，导致高校内行政、教育、学术权力界限不明。行政权力过大，干扰了教育和学术资源的合理配置，使行政领导干涉办学各项事务成为可能，如参与工程建设的全过程，这其中就隐藏着领导干部意志不坚定，为牟取个人利益进行权色、权钱交易的可能。高校腐败问题的根源在于权力缺乏制约和监管，不少学校内部行政权力一家独大难以实现民主决策，教授委员会和学术委员会独立性足够但并无监管能力，往往沦为"走形式"的工具。想要杜绝高校腐败问题的发生，不能依赖领导干部的自觉，必须约束行政权力以防专权，建立现代民主的大学管理制度和完善外部监督机制才是正确出路。

1. 健全法律，规范招生权力行使

中纪委曾明确表示高校招生是整治教育腐败的重点领域。近几年，高校招生腐败案件可谓屡见不鲜，自主招生过程中的暗箱操作只是其中的一个部分，招生过程中每一环节都潜藏着滋生腐败的可能。教育公平是维持社会公平的重中之重，高校招生腐败严重危害了教育公平，因而其社会影响最为恶劣。《中共中央关于全面深化改革若干重大问题的决定》中提到考试招生制度改革是下一阶段教育体制改革的重大课题，制度改革中易出现钻制度空子的现象，因而反腐倡廉建设必须与制度改革并举，抑制腐败的滋生。

高校招生腐败难以根治的一个主要原因是招生环节信息公开度低，"信息黑箱"导致高校招生环节权力寻租有机可乘。目前通过正当合法渠道可知的招生信息仅局限于招生政策、考生基本信息、最终录取结果等官方公开信息，有关招生过程的信息却不得而知。自主招生的资格标准、面试成绩的评定标准，机动

名额用在何处,补录、调剂、调档环节的选择标准和操作程序等都不得而知,暗箱操作可行性较大。信息不透明大大增加了滋生腐败的可能,掌握相关信息的领导干部得以买卖此类非公开信息或进行暗箱操作,以此进行权钱交易。相比于考场协助作弊、修改考试成绩等现象,这些违规行为更加难以监控,操作难度也更小,因此更易滋生招生权力寻租现象。

《人民日报》发文称:"教育公平是社会公平的重要基石,而招生公平又是教育公平的重中之重,由于特殊类型招生过程信息的不公开,监督与制约机制的相对缺失等原因,造成了一些高校的招生腐败,尤其是特殊类型招生的腐败,侵害了大多数考生的合法权益,破坏了高考招生的公平公正,如同毒瘤侵蚀着整个教育链条的健康。对特殊类型招生的规范,无疑是教育改革进入深水区后必须啃下的一块'硬骨头'。"①

我国目前尚未出台专门的法律法规对高校招生的信息公开进行作出明确规定。为实现招生的公平公正,用法律约束高校招生行为是最重要的,实现高校招生信息透明化刻不容缓。

2. 去行政化,杜绝基建科研贪腐

后勤基建和科研经费领域频频发生大案,究其原因就是缺乏监督制约机制所导致的权力脱缰,缺乏监督制约为权力的滥用提供了可能。主管后勤基建的高校领导利用行政权力实现官商勾结权财交易或者直接侵吞学校采购经费,诸如通过伪造发票、虚构项目等手段直接侵吞科研经费。

高校去行政化改革首先需要厘清政府与高校的关系。高校不是政府的附属机构,应通过立法从制度层面明晰界定政府对

---

① 人民网,人民时评:不让"特殊招生"成为"特权招生",采集日期:2015年12月21日。http://hb.people.com.cn/n/2015/0204/c194063-23783409.html

高校的管理权限和管理方式,政府只对高校行使宏观层面统摄的权力,并为高校发展提供服务,而不应直接干涉高校运行的具体事务。同时高校内部的管理机制也要同步进行优化,改变高校领导由上级主管部门任命的状况,实行公开民主的选拔机制。行政与学术权力的过分集中并非好事,易滋生领导班子的腐败行为。具体管理过程中,学术权力与行政权力应互不干涉,学术机构和行政部分需分清权责所在,涉及两者交叉的环节则在公开制度下进行。

目前去行政化在具体层面尚未定型,对于去行政化存在不同的理解。全国人大代表、四川大学校长谢和平在接受成都商报记者采访时表示,去行政化的核心在于学术资源不受侵占。"我认为,高校'去行政化'有个理解误区,很多人认为'去行政化'就是直接取消学校行政级别,其实重点并不于此。"谢和平指出学校去行政化重在关注保障教师的主体地位,"行政级别本身不引发贪腐问题,重点是行政权力缺乏制约使贪腐成为可能。因而保障教师在学校管理中的监督作用是最主要的,凡涉及学术科研的领域教师队伍需要拥有一定的自主权。"去行政化应该从制度层面规范权力,防止学术骨干走上管理岗位后监守自盗,而不是纠结于高校的行政级别。在谢和平看来,应该尊重教师的选择,对高校教育而言,有学术经验的教师走上管理岗位是一件值得肯定的好事,"有学术经验管理经验的人来进行学校行政管理,比完全外行、不懂学术的人来管理学校要好一些。"[1]

在行政权力过大的制度条件下,难以从制度上对领导干部进行约束;单方面强调领导干部的反腐第一责任,自查自省是难

[1] 凤凰网,高校去行政化要从制度上防"学霸",采集日期:2015年12月18日。http://news.ifeng.com/gundong/detail_2013_03/10/22928825_0.shtml?_from_ralated

以实现的。媒体普遍认为严控高校腐败的关键是去行政化,建立现代大学制度推进民主管理是第一要务。

3. 全面监管,谨防作风违纪升级

2015年通报查处的违规违纪案件中,除了早前的利用职权收受侵吞钱款,谋取不正当利益这类涉嫌贪腐违法的事件之外,还有很多看似更"小"的问题。

中国传媒大学校长等三名领导干部因公务用车超标或办公室面积超标被查处,中央音乐学院校长涉嫌利用职务超标为女儿操办婚礼,并接受非正常优惠价格。这反映出高校反腐的新动向,反腐利剑不止斩"大老虎","苍蝇"同样不能手下留情。除上述因个人作风纪律问题被通报外,2015年被通报的领导干部中有15人是由于工作中监管不严、失职或是接受监察机关调查时隐瞒、提供虚假材料,这一类约占被查处总人数的41%,体现出高校反腐注重作风违纪问题的新态势,有利于敦促高校领导加强监管,履行好份内职责。

新京报表示,对高校违规违纪问题的严肃查处,意味着反腐实践进入了一个全新的层次,涉嫌贪腐违法的"大案"固然要查,涉嫌作风违纪的"小案"也绝不放过。"只违纪不违法"不再是免责挡箭牌,"年年讲年年犯"不再被允许。事实上,很多的"大案"正是从"小案"一步步演变过来的,"只要不大贪就没事"的心理暗示,往往恰是走向犯罪的开始。[1]

(二) 网民

1. 惩治招生腐败迫在眉睫

相对于其他领域的腐败,招生腐败对社会有着更为深层次

---

[1] 新京报,高校批量"违纪"也不容小觑,采集日期:2015年12月18日。http://epaper.bjnews.com.cn/html/2015-12/02/content_610762.htm? div=-1&news

的危害：这样的行为不仅有违社会公平准则，同时动摇了社会基本价值观。考生通常对高考抱有一种关乎公平的信仰，从某种层面上来说，高考的绝对公平是相信公平的最后一道屏障。原本人们相信知识能够改变命运，可现实是连高考招生都存在着猫腻，通过暗箱操作而顺利进入高校的事件时常发生。

微博用户"@老蔫儿87"表示："现在点招的情况依然存在，而且由于管的严，要价更高了，重点院校一个名额估计在百万以上。"微博用户"@林涛他爸"说："高校理应是一尘不染的象牙塔，却频频爆出腐败现象。高校腐败的特殊之处在于教育的影响力，招生腐败动摇社会公平，学术腐败让下一代失去了对学术的尊重，科研经费贪腐影响学校教研能力。除掉'象牙塔'上的'腐殖'刻不容缓，还高校一片'净土'"。网民的担心反映了对于当下高校腐败案频发这一现状的不满情绪，与民众的心里预期有偏差，同时也认为招生领域反腐刻不容缓，否则后果不堪设想。

2. 推进制度改革直指根源

高校教育在市场化产业化进程中，经费来源已从过去的单一政府拨款扩展为多元的筹资渠道。在高等教育大众化的趋势下，高校积极推进基础设施建设，紧抓招生环节，同时在各方面拥有的自主权越来越大。高校领导干部行政学术一把抓，而与之配套的法律制度规范、权力监督机制却没有及时有效地跟进，因而在这些领域的职务犯罪也不断增多。在谈及如何扶正高校风纪避免腐败案件频发时，绝大多数网民首先考虑到的是高校去行政化，建立现代大学制度以及相应的监督机制。腐败多发于体制改革启动之际，在这一过程中，与办学经费来源多元化不相适应的是，高校管理机制仍停留在政府干涉过多、行政权力过大的时期。

　　凤凰网于 2014 年底对网民做了一项名为"根治高校贪腐，你认为以下哪种措施最有效?"的调查，调查问题以单选题形式作答，列出了 6 个备选项，一共有 2 282 名网民参与投票。① 每项措施的具体内容，以及每项根治措施的人数占总人数比重具体情况如图 4 所示：

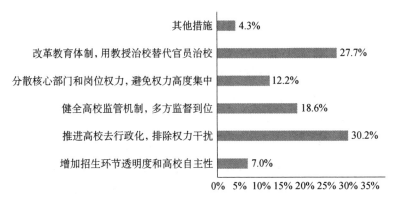

　　其他措施　4.3%
改革教育体制，用教授治校替代官员治校　27.7%
分散核心部门和岗位权力，避免权力高度集中　12.2%
健全高校监管机制，多方监督到位　18.6%
推进高校去行政化，排除权力干扰　30.2%
增加招生环节透明度和高校自主性　7.0%

0%　5%　10% 15% 20% 25% 30% 35%

图 4　根治高校贪腐的几项措施

　　上图反映的网民倾向与微博评论中抽样的结果基本一致。大部分网民认为推进高校去行政化，排除权利干扰是治根之策。微博用户"@风清扬"："高校去行政化改革，可能会触及某些利益群体的既得利益，产生各类冲突，这好比刮骨疗毒，虽有阵痛但势在必行。高校的地位应由其教学科研能力决定，而不是看学校行政级别。去行政化让学校重心重新回到教学本身，重新界定政府的权责范围，理清高校的职能。"改革教育体制、去行政化是建立现代民主的大学制度的重要环节。新浪微博用户"@不上不下的狗"认为："如何摆脱办学创收模式，建立学术至上

———————
① 凤凰网，根治高校贪腐，你认为以下哪种措施最有效?，采集日期：2015 年 12 月 19 日。http://survey.ifeng.com/news/6879.html

的一流好大学？或许，领导班子的大刀阔斧、优质的生源，能给高校带来社会的赞誉，但更需明白，制度才是大学文化的基石，这是让高校在拥有强健体魄的同时拥有不屈精神支柱的关键。从这个角度来说，高校治理结构和权力制约模式的改革过程，也是高校迈向现代大学制度的过程。或许会触及既得利益者，但是加快建设现代大学制度的必经之路。"

3. 杜绝学术腐败刻不容缓

高校腐败现象从招生录取到后勤基建，从科研经费到违规取酬，从作风问题再到学术诚信，可以说已经渗透到了高校运行中的许多领域和许多环节。而学术腐败不同于管理上的腐败，是蚕食高校教育之根本的恶劣行径，杜绝学术腐败已刻不容缓。学术造假不是由造假者个人能完成的，而是一条黑色利益链，所以学术造假才会被默许、掩盖和包庇。微博用户"@林春桦"指出："学术造假屡禁不绝，已经成为业内公开的秘密，大家心照不宣：编纂数据、抄袭他人成果、换汤不换药，甚至伪造学术经历等；从院校机构到高校教师再到学生，参与主体遍布教育领域各个层级。"学术腐败的极端表现，就是利用权力、金钱、社会地位等，非法获得学术成果、学术荣誉、学术地位和学术影响力，与贪污受贿的犯罪行为无异，其中暗藏一条多方参与的生产利益链。因而高校反腐需要推进到一个新的层次，更深更广的范围上来严控，对学术腐败的严打刻不容缓。

4. 质疑作风整肃认知偏颇

除了和社会上官员腐败相类似的权钱交易等问题之外，高校反腐也不仅局限于这类涉嫌犯罪的严重违纪违法行为，作风问题、监管问题等看似工作生活中"小问题"的情况需引起重视。2015年年末的几次反腐行动中，领导主要都由于违规用车、超标用办公室、为女儿大办婚礼等违规行为被通报免职处理，这体现了高校反腐正在向纵深发展,有助于高校更加规范更加清净,但是大部分网民却呈现出对处理结果合理性的过分关注。

网民多围绕高校领导被查处的原因展开讨论,对于作风违纪的严厉查处,部分认为这样惩罚对于违纪行为过重,微博用户"@老茶馆"表示:"如果光是通报里的那一点小事,根本就不值一提,这个级别上这样的老干部应该不会太坏,不知得罪谁了落的如此下场。"还有的认为校长曾经对高校的功绩大,应该予以考虑,微博用户"@hard-boiled的茜爷"表示:"中国传媒大学两校长被免职,我突然很想说一说,事情真假我不敢下定论,但是站在一个广院学生的角度,我只想说,不论哪个方面学校都从没有亏待过学生,校长也没有对不起学校。"甚至还有部分网民认为,利用职位职务或者是因此而来的"面子"接受非公务用餐特殊优惠是正常的人情,微博用户"@阿贾克希亚"表示:"作为知名院校校长,通过自己面子给闺女办婚礼接受优惠怎么了?有面子是人本事,这不是人之常情吗,到时候我出嫁了我爸肯定也希望我风风光光的。"

这些情绪化的表达也暴露出了网民的不理智,须知"小恶"不除,贪腐难禁。类似"好校长犯小错不该免职"等过分感性的表达,无视党纪法规严厉不可违的准则,为腐败滋长提供了空间。只有尊重法律的严肃性,对腐败行为实施"零容忍",才有可能压倒高校教育中的不正之风,营造出良好的教育生态。针对网民为作风问题违规违纪叫屈的情绪,还需反思其背后的公众期待,或许不仅仅是出于人情与法律的冲突,还有对于反腐行动的期待,希望相关部门对待大案时也要高标准、严处理、及时通报。

六、结语与反思

学校是教书育人的重要场所,肩负着培养下一代的重任。

虽然高校贪腐的形式和政府机构官员腐败、企业单位领导贪腐并无本质区别,但教育本身的特殊性使教育领域的腐败危害性更大,并且更受公众关注。在教育产业化的趋势下,高校作为一个兼具政府、市场与社会特性的市场主体,在市场化潮流中如鱼得水,招生、基建、后勤等领域都与利益挂钩,这些领域也就成为了滋生腐败的温床。同时大学行政化的管理体制,缺乏权利制约和监督机制,外部法治建设又仍未完善,为腐败分子提供了可乘之机。在高校反腐行动推进的同时,完善法律、改革制度、舆论监督也应三管齐下,根除高校贪腐现象,重建风清气正的高校教育生态。

(一) 构建高校反腐法律体系

我国法律体系中主要是在《刑法》《刑事诉讼法》《公务员法》《行政监察法》等法律中对腐败行为的惩治有明确规定,除此以外主要是党风廉政建设的党内法规,真正针对腐败问题的法律法规仍待完善。落实到高校反腐层面,法律的缺位更加严重,《高等教育法》《教师法》等教育相关法律中仅有零散关于高校管理的规定,并且侧重政策制度,法律法规较少,这些规定原则性过强缺乏实际可操作性,后果不明晰强制性弱。

根据目前情况,我们亟需对《刑法》《刑事诉讼法》《高等教育法》《教师法》等既有法律进行修订。明确规定高校内外部监督部门的职权,避免高校权力监督处于真空状态,另外特别增加高校教职工的政治权利立法,通过加强群众监督以达到以权利制约权力的预期效果。法律制订的目的在于规范人们的行为,因此必须严格执法以确保法律在高校反腐行动中切实体现,使高校健康良性发展。

(二) 莫将去行政化"神化"

2010 年 7 月底国家颁布了《国家中长期教育改革和发展规

划纲要（2010—2020 年）》，明确将高等教育去行政化改革提上日程，十八届三中全会也明确提出这一目标，自此社会各界便逐渐形成"去行政化"的共识。去行政化包括高校取消行政级别、高校领导告别官员身份等措施，有助于净化高校权力滥用等乱象，扫除官场不良风气在高校的积弊。

　　但是似乎"去行政化"一词有一种标签化的趋势，无论提及高校人才培养不利、高校教育质量堪忧还是高校反腐败，都简单指向去行政化。在高校反腐中需要明确的是，去行政化并非万能钥匙，只是杜绝腐败的第一步。哪怕是一家私营企业，如果企业内部缺乏权利制约和监督机制，外部又没有法律制度的规范，那么腐败的滋生也将不可避免。因此，去行政化仅仅是高校反腐的第一步，彻底杜绝腐败现象的发生还需要现代民主的管理制度、独立有效的监督机制以及相对透明的信息公开制度共同发挥作用。

　　（三）引导舆论"零容忍"

　　在高校反腐走向新纵深的趋势下，也需要引导民众将认识提升到一个新的高度，对各类贪腐违纪行为实施"零容忍"的策略，而不是只停留在关注严重违纪涉嫌违法的大案，忽视作风违纪的"小案"这一层面，也不可出现类似"江湖气息"的功过相抵、功大于过的不理智情绪。无论是何种形式的贪腐，都是对制度规范和道德的僭越，都应该受到应有的严惩，舆论理应起到为杜绝腐败提供外部监督的作用，而不是在法律面前为违法乱纪人员鸣不平。

"学区房热"现象的网络舆情研究报告

一、前言

学区房,又被叫做"教育地产"。从某种意义上讲,学区房是房地产市场的衍生品,又是现行教育体制下的一个独特现象。近两年学区房大热,其中一个重要原因就是自 2014 年开始的新"教改"。2014 年 1 月 14 日教育部出台《关于进一步做好小升初免试就近入学工作的实施意见》,要求各地落实义务教育免试就近入学并试行学区化办学。进入 2015 年之后,由教育部指定的 24 个大城市"学区化"办学政策陆续出台。新教改下的"学区房"概念已经发生了变化,新"学区房"是由政府每年根据片区生源情况划分出来的,有些房上一年有学位,但下一年可能因为政府规划变动而失去学位;而改革前的学区房实质是"学位房",小区与指定学校有合作关系,业主的孩子可以免试就近入学。从政策角度来讲,学区化改革是推动教育公平的重要政策。

政府推行教育体制改革的原意是推动教育资源公平,却在实施过程被严重扭曲。政府的逻辑是用禁令限制学生择校,以此"倒逼"义务教育走向均衡;而家长们的逻辑是,如果学区和学区之间、学校与学校之间教学质量有差异,就得努力让孩子进更好的学区和学校。很多家长在并不理解政策变更的情况下,盲目地作出了买房决定,家长心目中的"学区房"更多的是"学位房"的概念。而房地产公司直接将学区房作为一种营销手段,在宣传中混淆学区房和学位房的意义,以此来获得更多的利润。在多重原因作用下造成了:一方面主管部门出台利于教育公平的政策,另一方面"拼房子"却愈演愈烈,致使学区房价格一路走高。如今的"学区房热"现象,已经成为媒体和网民关注的热门教育类话题。

　　基于上述背景,本研究通过互联网上有关"学区房"的媒体报道和网民评论的统计和分析来反映 2015 年"学区房热"的现象,主要内容是对网络媒体关于学区房的报道进行分类整理,在此基础上,对网民评论进行内容分析,以此来描述"学区房热"之下的舆论动态,最后为相关部门应对学区房问题提供可借鉴的建议。

二、研究设计

　　本研究以微指数和新浪微博为载体,以"学区房"为关键词进行搜索,自 2015 年 1 月 1 日至 2015 年 12 月 31 日共有原创微博 559 条。出于传播范围和评论数量的考虑,研究者从这些微博中抓取了粉丝数在 10 万以上的媒体类原创微博作为样本框,共抓取 146 条,编制"学区房 146 条新闻微博内容分析数据库",从而得到 2015 年网络新闻媒体对学区房问题的态度和观点。

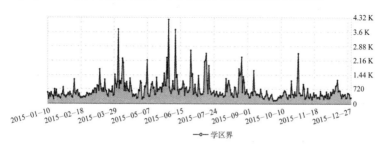

图 1　"学区房"热词在新浪微指数中的趋势图

数据来源:新浪微指数,采集日期:2016 年 1 月 6 日.

在上述基础上,每条微博之下按回复时间顺序选取 10 条有效留言,并将这些留言进行整理、记录,编制"146 条新闻微博网民回复数据库",共 1 460 条有效评论,从而得到微博上网民对学区房问题的观点和态度。考虑到微博有效评论中所涉及的信息量不够充分,本研究还利用"百度指数"、上海开放大学信息安全与社会管理创新实验室数据采集系统,在全网范围内补充抓取相关信息,从而对微博平台的内容分析做出有效补充。

三、"学区房热"现象的新闻回顾

本研究先通过内容分析,将全年新闻媒体类的微博对学区房的报道内容进行分类,主要分为三种类型:报道学区房价格高的新闻;报道学区房陷阱及纠纷的新闻;报道学区房新政策的新闻等。

表 1 学区房 146 条新闻微博内容分类

新闻内容分类	数量	比例
报道学区房价格高的新闻	55	37.7%
报道学区房陷阱及纠纷的新闻	67	45.9%
报道学区房新政策的新闻	24	16.4%

"报道学区房价格高的新闻"贯穿全年,其中 5、6 月份报道最多,报道内容如下:1.纵向来看,各地学区房不断创造更高的成交价格;2.横向来看,学区房价格远高于同类非学区房价格;3.从购买关系来看,供不应求,房地产市场中,属于学区房的新楼盘一旦开售,便会遭到哄抢,二手房不仅卖方坐地起价,而且出现了买方主动加价的情况。

"报道学区房陷阱及纠纷的新闻"是全年有关学区房的新闻中报道数量最多的一类,主要内容包括:1.家长买了"学区房",

孩子却得不到学位,不能进名校;2.媒体对学区房纠纷的原因探析,一是政策易变动,二是房市缺监管;3.媒体出攻略,教网民们如何辨别真假学区房。

"报道学区房新政策的新闻"集中在 1、2 月份和 12 月份,主要内容包括年初北京、上海、广州、深圳等四大城市颁布的学区化改革方案,学区化制开始真正推行起来;12 月份时,教育部基础教育司在会议上发布新消息,称教育部正在考虑多校划片,引发了媒体和网民对"学区房是不是白买了?"的大讨论。

(一)报道学区房价格高的新闻内容

1. 纵向来看,各地学区房不断创造更高的成交价格

义务教育"就近入学"的原则最早出现在 1986 年的《中华人民共和国义务教育法》中,但一直没有得到有效落实。网络舆论对学区房的讨论也并没有构成热点,未成为舆论事件。但 2014 年 11 月,新华网发布新华社"中国网事"的新媒体专电文章:"'疯狂学区房':135 万买 4 平米,到底图个啥"[①],使得高价学区房成为公众关注的热门话题,这一话题热点一直延续至 2015 年年底。之后关于学区房的新闻报道犹如井喷,报道中各大城市学区房的最高价格也不断被刷新。首先,一线城市学区房价格飙升,"北京家长开拼幼升小　学区房每平米达到 30 万元"[②];"单价飙升至 23 万,上海学区房'疯涨'购房者主动加

---

① 新华舆情,天价学区房引网民反思教育资源均衡化,采集日期:2016 年 1 月 10 日。http://news.xinhuanet.com/yuqing/2014-11/27/c_127257245.htm
② 新华网转广州日报,北京家长开拼幼升小　学区房每平米达到 30 万元,采集日期:2016 年 1 月 10 日。http://news.xinhuanet.com/house/bj/2015-03-13/c_1114623020.htm

价"①；"深圳热门片区的学区房上半年累计涨幅达 50%—80%"②。其次，相比于一线城市学区房一平米单价 20 万、30 万这些令人咋舌的疯狂价格，二线城市和三线城市也"不甘示弱"，"青岛现最贵学区房　每平米 6 万多全省罕见"③；"南京学区房最贵超 5 万元一平米，溢价率最高达 129%"④；"受停招择校生影响　济南最贵学区房单价逼近 3 万元"⑤。从报道中可以发现，在全国房地产市场整体不景气的大环境下，学区房价格却一枝独秀，涨势十分迅猛，成了名副其实的"房（价）坚强"。

2. 横向来看，学区房价格远高于同类非学区房价格

在新闻报道中，学区房价格高不仅体现在各大城市不断被刷新的最高房价上，而且还体现在非学区房和学区房在价格上的巨大差距。"北京市民花 610 万买学区房，比周边同户型贵200 万"⑥；"南京名校学区房挂牌价与成交价可差十几万"⑦；"海口学区房与非学区房隔条街房价差近一倍"⑧。西安的一个房产中介工作人员表示"尽管附近二手房市场低迷，但学区房几

---

① 新浪网，单价飙升至 23 万　上海学区房"疯涨"　购房者主动加价，采集日期：2016 年1 月 10 日。http://news.sina.com.cn/c/2015-06-01/090131899329.shtml
② 重庆晨报，深圳热门片区的学区房上半年累计涨幅达 50%—80%，采集日期：2016 年1 月 10 日。http://finance.chinanews.com/house/2015-07-30/7436955.shtml
③ 齐鲁晚报，青岛现最贵学区房　每平米 6 万多全省罕见，采集日期：2016 年 1 月 10日。http://news.qingdaonews.com/qingdao/2015-04/09/content_11003054.htm
④ 新华网，南京学区房最贵超 5 万元一平米　溢价率最高达 129%，采集日期：2016 年 1月 10 日。http://news.xinhuanet.com/house/nj/2015-06-03/c_1115491936.htm
⑤ 齐鲁网，受停招择校生影响　济南最贵学区房单价逼近 3 万元，采集日期：2016 年 1月 10 日。http://jinan.iqilu.com/news/2015/0423/2380232.shtml
⑥ 新华网，北京家长花 610 万购学区房比周边同户型贵 200 万，采集日期：2016 年 1 月10 日。http://news.xinhuanet.com/house/sjz/2015-06-26/c_1115730389.htm
⑦ 扬子晚报，南京名校学区房挂牌价与成交价可差十几万，采集日期：2016 年 1 月 10日。http://www.yangtse.com/fangchan/2015-02-09/444537.html
⑧ 人民网，调查：学区房与非学区房　隔条街房价差近一倍，采集日期：2016 年 1 月 10日。http://politics.people.com.cn/n/2015/0413/c70731-26836183.html

乎是'出来一套卖一套',且价格比周边同类型商品房高出一倍左右'①。从这些新闻中可以看得出,是不是"学区房"俨然已经成为房市定价标准体系中的重要因素。房子只要位于教育主管部门的学区规划之中,即便是房龄大一些、结构差一些、面积小一些,也可以凭借背后的高教育附加值而卖出一个好价钱。

3. 从购买关系来看,学区房供低于求

学区房价格虽高,但仍然"一房难求",处于供低于求的卖方市场。在媒体报道里,很多城市的新楼盘都遭到了哄抢,"杭州名校学区房频频被秒杀　四百人争抢一套房"②;"上海学区房出现抢房场面,个别单价飙升至9万元"③。二手房市场上,一些卖家甚至坐地起价,在极短时间内就将价格迅速拉升,"广州卖家超霸气卖房,房主淡定放话'按揭免谈'"④;"上海学区房卖主坐地起价瞬间涨价百万元"⑤;"北京27平米学区房,总价一天暴涨80万元"⑥。学区房的供应方不断提高卖价并没有阻碍家长们为自己家孩子置办学区房的决心,甚至还更加刺激了市民们对学区房的热情,武汉的刘先生本来住在武昌区一湖景房,但考虑到儿子上学可能被划到普通小学,于是他最近常常跑到

① 新华网,专家:学区房怪象的背后是教育资源分配不均衡的尴尬　采集日期:2016年1月10日。http://news.xinhuanet.com/house/sjz/2015-04-28/c_1115110950.htm
② 杭州政协新闻网,杭州低总价名校学区房频频被秒杀,四百人争抢一套房,采集日期:2016年1月10日。http://www.hzzx.gov.cn/cshz/content/2015-05/27/content_5785764.htm
③ 新华网转东方网,上海学区房出现抢房场面　个别单价飙升至9万元,采集日期:2016年1月10日。http://news.xinhuanet.com/local/2015-06/01/c_127864437.htm
④ 搜狐焦点网转羊城晚报,广州卖家超霸气卖房,房主淡定放话按揭免谈,采集日期:2016年1月10日。http://news.focus.cn/nn/2015-02-08/6033822.html
⑤ 新闻晨报,上海学区房卖主坐地起价瞬间涨价百万元,采集日期:2016年1月10日。http://newspaper.jfdaily.com/xwcb/html/2015-06/06/content_101124.htm
⑥ 南京晨报,北京27平米学区房,总价一天暴涨80万元,采集日期:2016年1月10日。http://news.xinhuanet.com/house/sy/2015-04-05/c_1114874132.htm

5 公里之外的育才小学附近物色二手房。刘先生说,虽然都是 30 年前的旧房,但均价都是每平方米 2 万多元,而且一犹豫就买不到了。[①]

(二) 报道学区房陷阱及纠纷的新闻内容

1. 谁动了孩子的学位:买了学区房,孩子却不能入学

在这个板块中,媒体首先聚焦在那些家长买了学区房,孩子却无法进名校的现象。这一现象的报道最早出现在 1 月 20 日的广州日报上:李女士为了孩子上学,之前在广佛交界的里水买了房。李女士称,当时专门挑的学位房,旁边 500 米就有重点小学。2015 年孩子到了上学的年龄,可是却接到通知,他们小区的学位被分配到 10 公里外的麻奢小学。面对李女士的质疑,里水镇教育局回应:李女士家小区附近的工厂、企业非常多,旁边的重点小学前期就已经招满,因此只能被安排到 8 公里外的另一家小学。[②] 遇到这种情况的还不只有李女士:西安的吴先生花高价买了学区房,三年后孩子却上不了名校;成都的田先生为娃读书买二手学区房,却遭遇前房东不迁户口。透过媒体报道不难发现,现实中存在很多买了学区房家庭的孩子却依旧不能进名校的例子。

2. 学区房纠纷的原因探析:政策易变动,房市缺监管

家长们为了子女能够进名校,抓住学区化改革的机遇,辛辛苦苦地买下一套高价学区房,却面临着自家孩子可能无法进入重点学校的窘境。媒体将原因归结为两类:一方面是教育部门的相关入学政策在不断改进和完善,存在同一小区去年有学位

[①] 西安晚报,价涨坑多风险激增　谁制造了学区房只涨不跌的神话,采集日期:2016 年 1 月 10 日。http://www.chinanews.com/house/2015/04-28/7239615.shtml

[②] 广州日报,买房时说好的"学区房"孩子却进不了旁边的学校,采集日期:2016 年 1 月 10 日。http://www.chinanews.com/house/2015/01-20/6985690.shtml

而今年没有的情况;同时,父母们对这些教育政策和学位信息变化缺乏必要和及时的认识和了解。另外一方面是,部分房地产公司直接将自己的产品跟附近的学校挂钩来进行广告宣传,而购房人拿到房屋后往往会发现实际的房屋以及学区信息,和开发商介绍的并不完全一致,甚至有的开发商涉及虚假宣传,于是便产生了很多学区房纠纷,比如"合肥173位业主状告开发商:说好的学区房呢"[①];"万科上海两大楼盘频现纠纷:学区房承诺落空"[②];"家长青睐学区房,山西多楼盘假傍名校叫卖"[③]等。从媒体报道来看,市面上学区房鱼龙混杂,类似各种"签约名校"、"合作办学"等傍名校的形式越来越多,也越来越难分辨。面对如今这种复杂的学区房市场,媒体在报道了学区房纠纷和剖析原因之后,也给家长们指出了区分真假学区房的方法。

3. 媒体出攻略:教家长辨别真假学区房

媒体在此板块的第三个关注点聚焦在学区房的甄别上,比如:搜狐焦点网关注学校招生政策变动对入学资格的影响,因为受生源人数影响,每所学校每年招生区域都会进行一些调整,有些楼盘虽然离名校很近,但并不在名校的学区(位)招生范围内。华商报和广州日报都告诫网民要特别注意开发商广告措辞,比如开发商经常混用的"学区房"和"学位房",学位房就是只要买了这个房子就一定有学位,而买了学区房却不一定拥有入学资格。新华网给网民提出了更为具体的行动指南:先确认楼

① 中安在线—安徽商报,合肥173位业主状告开发商:说好的学区房呢,采集日期:2016年1月10日。http://news.xinhuanet.com/local/2015-04/22/c_127720493.htm
② 腾讯房产转经济参考报,万科上海两大楼盘频现纠纷:学区房承诺落空,采集日期:2016年1月10日。http://wuxi.house.qq.com/a/20151015/050054.htm
③ 中国新闻网,家长青睐学区房　山西多楼盘假傍名校叫卖,采集日期:2016年1月10日。http://www.chinanews.com/house/2015/09-24/7543052.shtml

盘所配套的学校;查明房子的学位指标是否被别人占用;原业主户口是否迁走;孩子入学前两年买房等。可以看到,媒体在认真分析了最新的教育改革政策和房地产商的营销策略之后,站在家长们的角度指出了鉴别真假学区房的方法。

(三)报道学区房新政策的新闻

学区房大"热"现象最重要的推手就是始于 2014 年的新教改。2014 年 1 月 14 日,教育部出台《关于进一步做好小升初免试就近入学工作的实施意见》,意见中要求各地落实义务教育免试就近入学并试行学区化办学。在随后的 2 月份,教育部办公厅发出通知,要求 4 个直辖市、5 个计划单列市和 10 个副省级省会城市的所有县(市、区)率先推行改革。2015 年 3 月 31 日,教育部将城市范围扩展到 24 个,要求这些大城市开展中小学就近免试入学的改革工作,实现 100% 的小学划片就近入学;90%以上的初中实现划片入学;每所划片入学的初中 90% 以上生源由就近入学方式确定。

北京市的就近入学政策最先被媒体报道。2015 年 1 月 28日《中国新闻网》报道指出,北京市教改重点内容将是细化就近入学标准,规范学区居住年限。这就意味着在北京买了房,并不一定就能够就近入学。[1] 紧接着,上海市教委在 2 月 4 日公布了《2015 年本市义务教育阶段学校招生入学工作的实施意见》,指出上海市将坚持公办学校"免试就近入学"原则,公办初中继续采取小学划片对口、居住地段对口或"电脑派位"等方式招收学生;同时,为了防止对"学区房"的炒作,鼓励各区县参照静安区已经试点经验,即一个门牌号、一个居住户,五年内只接收一

---

[1] 中国新闻网,北京将出台"学区房"指导意见 规范居住年限,采集日期:2016 年 1 月 10 日。http://www.chinanews.com/house/2015/01-27/7010303.shtml

名学生入学。^① 随后，广州市和深圳市都出台相关规定，开始探索"大学区制"改革，试行以社区、街道等为片区设置大学区；同时，义务教育阶段学生入学，家长可自愿在学区内为孩子报读 2 到 3 所学校，按志愿次序和积分高低依次录取。^②

学区化改革的正式推行直接加剧了学区房热的现象。为了给学区房"退烧"，仅仅在 3 月底教育部大城市义务教育招生入学调研座谈会召开 8 个月之后，11 月 26 日教育部又召开新闻发布会，国家教育督导委员会指出：在收费择校被禁之后，学区房成为了家长们唯一的选择，择校也被形容为"过去凭条子，现在凭房子"。在会后采访中，教育部基础一司司长王定华透漏：教育部正在考虑推行"多校划片"，也就是一个小区对应多个小学初中，让买了学区房的家庭也不确定到底能上哪个学校。^③ 而这经历了学区房价格疯涨的一年，想必 2016 年中，教育相关部门将会推出更多有利于教育公平的政策和措施。

四、网民对"学区房热"现象态度的分析

根据样本统计数据，本研究对所获取的 1 460 条网民有效评价做出内容分析，发现网民观点可以整合为以下几种类型，具体数据见表 2：

---

① 搜房焦点网，沪新规或遏制"学区房"炒作　2015 市场将继续活跃，采集日期：2016 年 1 月 10 日。http://news.focus.cn/sh/2015-02-05/6028979.html
② 南方网转羊城晚报，广州学区化：入学看积分　买学区房是否要趁早，采集日期：2016 年 1 月 10 日。http://house.southcn.com/fcgd/content/2015-02-14/content_118473248.htm
③ 扬子晚报，教育部拟推新政！学区房都白买了，采集日期：2016 年 1 月 10 日。http://www.yangtse.com/jiaoyu/2015-12-09/727414.html

表 2　网民对学区房高价格态度的分类

基本观点	数量	比例
高价学区房让"就近入学"变"就富入学"	511	35%
天价学区房背后隐藏的是教育不公	369	25.3%
高价学区房背后是父母对孩子的期望	247	16.9%
学区房问题是市场化的结果,存在积极意义	112	7.7%
其他	221	15.1%

不难发现,网民对天价学区房的主要观点有五类,其中比重最大的是"高价学区房让'就近入学'变'就富入学'",占到整体评论的 35%;之后是"天价学区房背后隐藏的是教育不公"(25.3%),而"高价学区房背后是父母对孩子的期望"(16.9%)和"学区房问题是市场化的结果,存在积极意义"(7.7%)比重相对较小,"其他"是指观点不明确和持该类观点人数较少的情况。现将其具体观点和理由陈述如下:

1. 高价学区房让"就近入学"变"就富入学"

在教育资源不均的大背景下,所谓"就近"实质上就是一个市场价格问题。换句话说,谁有钱谁的孩子就能入名校"就近"而接受更好的教育,谁买不起学区房谁的孩子就不能进入重点学校。"@－北极星－－－"认为,"教育本来应该公平,而现在却变成了"烧钱"。"@就是心跳 163"觉得,"不管怎么改,似乎都是有钱才'硬'人。"

所以,教育部所推行的学区制改革,虽然政策的出发点是维护基础教育的公平与合理,但很多网民却认为这一政策的实质无非是将原来暗箱化和关系化的中小学学籍问题和择校问题,进一步地市场化和透明化了而已。比如"@严肃的笑脸"就说,"不划学区,家长拼各种关系;划学区,家长拼钱。你想选那个?

话说只有这两条,不给你规定第三条道。"从这位网民的观点来看,无论是拼关系还是拼钱,经济条件不好的家庭总会在教育资源的分配上处于不公平的位置。

中小学义务教育本就应该严格遵守公平原则,而这其中必须要更好地发挥政府作用。"就近"变成"就富",天价学区房的问题不在"天价"而在"学区"。"天价"只不过让"学区"的问题显性化而已。"@灰领屌丝"觉得,"哪一天学区房价格不再成为楼市重点炒作的概念,甚至是不存在学区房这个概念,那才是教育公平的象征,就近入学才不会变味。"

3. 天价学区房背后隐藏的是教育不公

"疯狂"学区房直接戳中了当今教育行业欠公平的软肋。始于 2014 年的教育政策改革将教育机会直接与"房籍"挂钩,扭曲了住房的基本使用取向。这次教育与房地产业的"联姻"已经催生出一种基于"房籍"制度之上新的社会不公平现象。"@椰子吹雪"评论道,"新教改在遏制择校的同时,并没有真正解决好优质教育资源集中的问题,还只是停留在嘴上说说的阶段,即使有动作也很小。大家都想让自家孩子上名校,现在人也不差钱,哪有不涨的道理?"

仔细一想,学区房价格居高不下,甚至屡创新高的关键并不是出在市场交易所产生的房价上。疯狂的学区房背后真正的问题其实是长期以来不合理的教育资源配置。以至于在新教改之后以房价这一"明码标价"的直白方式展现出来。网民"@刘老师有话要说"留言认为,"疯狂学区房说到底就是'拼爹',这就是一种变相择校,暴露的则是教育资源不均衡的现状。"

继续探究下去,我国不同学龄段的学校都存在着严重的等级划分,"重点"学校制度是造成教育资源分布不均的重要原因。在行政力量的支持下,那些在家长眼里的"好学校"口碑好,得到的教育资源更丰富,便可以吸引到更多的优秀学子,如此循环往复地累积下去,最终形成一种马太效应。地方政府往往为了给自己树形象、博实绩,不惜动用巨资去武装一些有根基的学校,最终导致教育资源分配不均的现象愈演愈烈。"@如水将军9292"认为,"目前教育资源配置方式延续的仍是计划体制下的资源配置方式,领导都喜欢把资源配给那些重点学校,而对于普通学校,分到的资源就少多了。"这位网民从教育公平与效率的逻辑出发,教育部门应特别注重义务教育阶段的均衡发展,使投入向薄弱学校倾斜。但在现实中,某些地方政府出于政绩考量,并不愿意将资源倾斜于原本就很薄弱的学校,所以造成了薄弱学校无人问津、名校人满为患的失衡局面。站在这一角度,新教改的重点不应放在学区化改革上,而应改革重点学校制度,只有消除重点学校和普通学校的差别,消除名校一枝独秀现象,才能消除天价学区房,才能消除教育不公。

3. 高价学区房背后是父母对孩子的期望

学区房价格全年居高不下,甚至屡屡曝出"天价",一方面在于学区房数量少,对应的优质教育资源十分稀缺;另一方面也在于热衷于买学区房的家长们。中国的父母往往望子成龙、望女成凤,家长们都不希望自己的孩子输在起跑线上。在子女教育的问题上,要上好的幼儿园、小学、初中,这样才能保证考上重点高中,进而考上重点名牌大学,从此走上成功之路。按照新颁布的就近入学政策,好的学区内一房难求也就不足为怪了。学区房屡创天价看上去疯狂,但背后的经济学逻辑是中国的家长们愿意为自己的子女支付高额溢价。

电视剧《虎妈猫爸》中一些关于"学区房"的桥段戳中了观众的痛点。在剧里,赵薇饰演的"虎妈"为了女儿茜茜能上第一小学,花光了家里所有的积蓄,卖了宽敞的现有住房,搬入破旧的学区房(9万元一平方米),在她看来拥有一套学区房是茜茜能接受优质教育的唯一途径。而《虎妈猫爸》里很多父母为了女儿能上重点小学所经历的艰辛,在现实生活中都可以找到故事原型。网民"@明天会美好1985"评论道,"看到身边同事为了孩子升学,把大房子卖了,换成了学区房,觉得他们好不容易,中国的父母真伟大,可怜天下父母心呀!"

也有网民呼吁,作为家长,应该要摆正心态,适合孩子的学校才是最好的,关键还是要看孩子自身的学习态度和学习方法。网民"@戈尔巴樵夫"评论道,"孩子上学上个好学校不是一件容易的事,但学区房并不是万能的,拥有学区房并不等于拥有一个美好的未来,家长更应该考虑的是孩子成长的连贯性。"在现实生活中,有的父母想尽办法购买学区房,让孩子进入他们认为的"好小学""好初中",但孩子入学后却发现跟不上学校的教学进度,最后不得不考虑再次转学。这样的案例并非个别,在孩子的教育问题上,不能盲目追逐名校,适合孩子的才是最好的。家长不应该一厢情愿而忽视孩子本人的意愿。

4. 学区房问题是市场化的结果,存在积极意义

前面三种观点都偏向于认为学区房新政给社会带来了负面影响,部分网民则看到了学区房改革所带来的积极意义。他们认为高价学区房于个人而言是一种市场化的理性行为。父母在给孩子取得入学资格的同时,也间接实现了炒房的目的。那么,有经济实力的个人为何不能选择呢?网民"@木易木子"认为,"有些人觉得花个几百万买房是脑子有病。那是你不懂,等他们孩子上完学把房一卖不仅仅孩子学上了还赚了一笔。一举两得,人家不傻。"网民"@国庆2976684081"觉得,"(高价学区房)只能说明有人能买得起,这不就是市场经济嘛。"

站在这一立场的网民认为,高价学区房于社会而言也是一种市场化的积极分配。与权力的暗箱操作相比,政府以市场化手段实现来教育公平,虽然有较高的经济门槛,但过程却是透明的、公开的,是一种"并不坏"的选择。诚然,实现教育资源均衡分布是一个长期的过程,但目前教育资源不均衡的现状不该被加剧。相较于僵化的"重点学校"制度,带有市场属性的天价学区房,以其形式上更具公平性和开放性而得到了一些网民的理解和支持。

五、建议

(一)政府层面:以教育公平为目标　多元措施为学区房"降温"

推行公办中小学校免试就近入学的教育改革新政策,旨在规范招生行为、优化教育服务、促进教育公平,却在实施过程中演化成了"择校热"的变种——"学区房热"现象。这种"就近入学"的新政策被网民调侃成"就富入学"。这种"明码标价"的入学形式受到了大多数网民的诟病。学区房改革虽然在一定程度上可以减少权力的暗箱操作,但却又造成了"拼房"这种以家庭经济基础为表现的社会不公平。现阶段政府改革的措施还主要集中在禁止择校的范畴内,其他推进均衡的措施,比如建名校集团、强弱校对口帮扶等,现实层面所能起到的均衡作用还十分有限。虽然各大城市的教育部门都表态要在推进教育资源均衡分布上作出努力,但构想中的九年一贯制学校、九年一贯对口直升、优质高中名额分配等方式和制度的实践进程仍然十分缓慢,教育部所希望的纵向拓展入学新通道,提速普通校成长为新优质校的目标仍是任重而道远。

政府现在应该先提供一些容易达到且多元的措施来配合学区房改革的实施,比如提高普通学校教师的待遇,加强对教师队伍的建设；采用教师流动制，平衡不同学校间的师资力量；取消对学校的评估，减少行政力量对重点中小学的过度倾斜。说到底，推进义务教育资源均衡配置才是解决"学区房热"的根本方法，政府应该给出明确的改革时间表，增加教育投入，转变投入模式，提高学校办学标准和教师素质。只有不同地区的教育资源逐渐趋于均衡，疯狂的"学区房"才会慢慢恢复理性。

（二）市场层面：监督卖方更诚信　倡导买家更理性

从学区房热现象本身来看，无论是学区房价格飙升还是学区房纠纷，都可以纳入市场的范围来考查。一方面，学区房问题是卖家率先炒作起来的，诸如"我们不跟你谈房子，我们跟你谈谈孩子"这样惹眼的广告语出现在了房地产商的销售广告之中。"学区房"三个字已经成为很多地产商的摇钱树，一些有实力的房地产公司总是竭尽全力地让学校迁入自己的小区内，或者是将房子盖在知名中小学旁边。有的商家却动起歪脑筋，在广告中打着"学区房"的名头来销售房子，等到家长发现孩子进不了名校和重点时，销售商就以各种理由搪塞愤怒的父母，致使买房者维权上访事件层出不穷。因此，工商部门应会同房管、教育等部门，进一步加大对商品房销售广告的监督管理，对涉嫌夸大或虚假宣传的房地产开发企业依法惩处。有关部门应引导业主掌握证据，改进调查取证方法，进一步加大查处力度。

另一方面，学区房的消费群体也应该更加理性，2015年教育部及各大城市教育主管部门出台了很多教改新政策，"一旦入学就可以在家门口完成一年级至高中的整个教育过程"，这样的前景让家长们对"在哪儿安家"费尽心思。再加上房产商的诱人广告，使得很多家长认为只要买进一套学区房就可以让自家孩子进来重点中小学就读，这一方面体现了父母的良苦用心，另一方面则体现了家长们的不理性。从政策上来讲,购买优质学校周边的学区房并不意味着能优先入校,因为优质学校不能单校划片,而是和普通学校搭配划片。买了学区房只是具备了优质学校随机派位的资格,能不能进还得看学校的容量和报名的人数等。因此,家长应该理性地看待"学区房",不要盲目跟风,首先应该认真解读教育体制改革的相关政策,注意附近学校的片区调整和划分,多向学校咨询具体的学位使用规定;其次,进好学校并不能决定孩子的未来,家长应该将目光重点放在为孩子制定符合自身特点的成长方案上,这才是真正地为孩子的成长负责。

教育舆情认知状况调查分析

一、调查背景

互联网新时代的来临,加速了信息的传播与获取,人们对事件的关注方式也发生了变化。教育舆情作为社会舆情的一部分,与民众生活息息相关,因此受到了各方广泛的关注。不同舆情主体有不同特征,就教育网络舆情而言,主要呈现出三大新特点:"主体参与的开放性与隐匿性进一步增强、教育客体的特殊性与复杂性进一步凸显、信息传播的互动性与单向性进一步加大"[①]。教育网络舆情新特点的出现对了解当下网民教育舆情认知状况提出了更高的要求。了解不同人群对教育舆情的认知差异,分析产生这些差异的机制,并针对性地加以引导,对于教育的发展乃至于社会的发展,都有不可替代的影响。

当下教育舆情认知领域的调查较少,研究不足。王行丽、尹伊于 2011 年通过对河南郑州市区以及新密市农村地区的教育舆情调查问卷分析,得出以下五个结论:1.教育网络舆情的主体分布并不合理;2.教育网络舆情的客体偏重于微观层面或涉及公平正义的话题;3.教育网络舆情具有自己的空间分布特征;4.网民对我国教育现状的总体评价不高;5.教育网络舆情具有

---

① 陈华栋,当前教育网络舆情特点分析与对策思考——基于 2013 年教育网络舆情发展演变的实证研究,思想理论教育,2014(7).

较高可信性。[①] 上述研究存在的主要不足在于样本的代表性较差。有效问卷回收数量仅为 117 份,且只选取了河南郑州及新密两个地级市,由此得出的结论易发生偏差。为全面了解 2015 年我国民众对教育网络舆情的关注程度,本研究进行了本次调查。

二、研究设计

本研究以调查问卷为主要方式,通过线上途径发放与收集,对全国不同地区的民众进行调查。相较于现有研究,本研究的优势体现在如下三点:第一,完善了问卷体系,从教育舆情的主观关注度、教育舆情的主观行动、教育舆情的事件态度这三个维度,对民众的教育舆情认知状况进行全方位、多角度的分析;第二,问卷采用单选与多选、封闭与半开放、选择与量表相结合,在条理与殷实的基础上,力求信度与效度;第三,在自变量的设定上,除基本背景要素之外,加入上网时长、上网媒介等要素,并开创性地将职业与教育关联度作为职业身份群体划分的依据。

(一) 因变量

因变量的设置是本研究的重点与亮点。运用经验演绎法将因变量初步分为教育舆情主观关注度、教育舆情实际行动、教育舆情事件态度三部分,旨在从认知的本质、态度及行动倾向三方面来分析民众教育舆情认知,具体因变量的设置如下:

1. 教育舆情主观关注度

教育舆情主观关注度是指民众在生活中对教育新闻的关注情况,该变量的设置旨在了解民众基本的教育舆情关注情况,例如民众日常是以何种方式来关注教育方面的新闻:是主动搜索

[①] 王行丽、尹伊:网络媒体中的教育舆情研究调查报告,时代报告(学术版),2011(8).

还是被动浏览?除此之外,该变量的主要内容也包括了解不同群体对不同教育议题、教育事件的偏好,体现了民众体层面舆情认知的主观性。最后,对2015年教育议题与教育事件的总体关注情况进行抽样分析,得出社会群体层面教育舆情的认知偏好。

2. 教育舆情实际行动

教育舆情实际行动是指民众针对教育舆情事件在网络上以及线下所采取的行为方式。主要包括在参与教育问题的讨论时通常会采取怎样的方式、参与教育问题的讨论时通常会采取怎样的态度以及对一个教育事件的关注会持续时间长度,在对实际行动的考察中了解教育舆情的认知差异。民众在探讨事件时所采取的态度是其认知的结果,关注时长体现了其认知特点,该变量设置的目的在于对认知与行动的关系进行考量。

3. 教育舆情事件态度

对教育舆情事件态度以量表的形式进行调查,共设置十个问题,抓取过去一年内教育舆情事件发生主体及特点,关注新闻网站、社交平台中新闻的可信度与微博、微信等自媒体个人主体舆论的真实性,就民众的主观评价进行量化打分,通过定量研究方法分析民众对教育舆情事件的态度进行全方位、深层次的考核。

(二)自变量

1. 个体特征

对个体特征的测量旨在了解被调查者的基本信息,位于问卷的第一部分。不同的个体对同一舆情事件可能会有不同的态度,对舆情的关注程度及网上行动也会有所差异。性别、年龄与教育网络舆情息息相关,而教育水平、收入可能也会影响对教育事件的关注。在现有研究的基础上,对个体特征进行筛选,主要关注性别、年龄、教育水平与收入等四个方面。参照定量研究中对收入这一变量的处理,并结合教育舆情主体的特征,将收入变量划分为四个层次。

2. 身份

该自变量的设置基于如下假设：不同教育相关程度的身份对教育舆情的关注度不同。在大部分问卷调查中，常常选取职业作为自变量来进行分析。鉴于教育舆情的特殊性与既有的调查经验，我们选择身份这一变量而非职业来进行测量，通过对于教育的相关度来进行身份的区分，测量身份与舆情关注度的相关性，是本研究的创新与亮点所在。由于备选身份存在交叉，即多重身份，例如被访者可以是家长，同时也可以是教师，所以本研究将身份设计为多选。

3. 居住地

该自变量的设置意义如下：第一，了解不同地区对舆情关注度的差异。是否发达地区关注度更高、关注度是否呈现南北差异等等。第二，方便样本的选取，进行抽样。按地理分布将行政区域划分为：华东、华北、华南、华中、东北、西南、西北等七大地区，其中，华北地区指北京、天津、河北、山西、内蒙古五个省（市、自治区），华东地区指上海、山东、江苏、安徽、江西、浙江、福建七个省（市），华中地区指湖北、湖南、河南三个省（自治区），华南地区指广东、广西、海南三个省（自治区），西南地区是指重庆、四川、贵州、云南、西藏五个省（自治区），西北地区是指陕西、甘肃、宁夏、新疆、青海五个省（自治区），东北地区是指黑龙江、吉林、辽宁三个省份。

4. 上网方式及上网时间

该自变量的设置基于如下假设：上网方式及时间与教育舆情具有相关性。新媒体时代，以微博、微信为代表的自媒体在信息的传播过程中起着重要作用，传统的报刊杂志、电视等媒介在新闻传播中的比例下降，一定程度上影响了民众的教育舆情认知情况。本研究通过大量问卷调查，了解不同媒介的使用情况以及与教育舆情认知的相关性,不仅有利于全面地认识民众教育舆情认知状况,更有助于对舆情的管理与调控提出针对性的意见。

(三)变量设置与编码

在相关专家的指导下,结合与本研究相匹配的调查问卷设计,我们将上述变量进行了完善与编码,具体情况如表1所示。

表1　变量设置与编码表

变量名称	类型	编码
因变量		
关注方式	不太注意具体内容、不关注＝1;仅仅浏览相关简要信息或者标题＝2;不会主动关注,但浏览到相关信息时会稍加关注＝3;会主动搜索并关注＝4	Y1
关注时长	看过就不再关心＝1;一两天＝2;几周＝3;较长时间或持续到事件结束＝4	Y2
讨论态度	事不关己,随便看＝1;带有强烈个人主观态度＝2;就事论事发表客观评价＝3	Y3
教育制度	不满＝1;不关心＝2;满意＝3	Y4
新闻属性	负面居多＝1;较为平衡＝2;正面居多＝3	Y5
讨论方式	不参与讨论,只是看＝1;仅转发或点赞＝2;简要跟帖或评论＝3;私下与朋友讨论＝4;深入分析,写评论文章或个人感想＝5;开展力所能及的实际行动＝6;	Y6
关注议题	考试招生类＝1;政策法规类＝2;教育管理类＝3;师德师风类＝4;校园安全类＝5;名校事件类＝6;学生品行类＝7;教育缺位类＝8;其他＝9	Y7

变量名称	类型	编码
关注事件	北大清华抢生源骂战＝1;高考重回全国卷＝2,;高考工场六安毛坦厂中学＝3;复旦教授"小三门"＝4;多地学生食物中毒＝5;复旦宣传片抄袭＝6;海南一考生见义勇为受伤错失高考＝7;毕节留守儿童自杀＝8	Y8
自变量		
性别	男＝1;女＝0	X1
年龄	有序变量	X2
教育水平	初中及以下＝1;高中＝2;大专＝3;本科＝4;研究生及以上＝5	X3
居住地	华东＝1;华北＝2;华南＝3;华中＝4;东北＝5;西南＝6;西北＝7	X4
月收入	2 000 元＝1;2 001～5 000 元＝2;5 001～10 000 元＝3;10 001 元以上＝4	X5
日上网时长	半小时以内＝1;半小时～两小时＝2;两小时以上＝3	X6
身份	学生＝1;教师＝2;学生家长＝3;教育主管部门工作人员＝4;学校非教师职工＝5;商业教育机构工作人员＝6;其他＝7	X7
浏览方式	电视广播＝1;报刊杂志＝2;网页浏览＝3;手机 APP 推送＝4;微信、微博等社交平台＝5;新闻弹窗＝6;其他＝7	X8

（四）态度测量量表

参照李克特量表①的设计原则，结合教育舆情的特点，我们采取 5 分制量表，其中强烈反对为 1 分，不同意为 2 分，既不同意也不反对为 3 分，同意为 4 分，坚决同意为 5 分。考虑到被调查者在舆情关注中可能出现不清楚或者不关心的情况，将 0 分定义为不清楚或不关心。经 spss 信度检验，克朗巴哈 α 信度系数的估计值为 0.84，基于标准化评估项目调整的克朗巴哈 α 信度系数为 0.841，项目评估数为 10 个。由于信度系数是在 0.8～0.9 之间，说明问卷调查中的题目具有较强的内在一致性。量表具体内容如下：

表 2　网络教育舆情态度量表

序号	题　目	分数
1	网络上各大新闻站发布的教育有关信息十分可信	
2	网络上各社交平台发布或转发的教育有关信息十分可信	
3	微博上学校或教育机构官方认证、发布的教育消息十分可信	
4	微博上大 V、记者发布的教育消息能够真实地揭露教育问题	
5	各大论坛上讨论教育事件的网友部分都是客观的揭露者，反映了现实	
6	在网络舆论中接触到的教师形象往往是负面	
7	在网络舆论中接触到的学校形象往往是负面	

① 李克特量表是属评分加总式量表中常用的一种，它属同一构念的这些项目是用加总方式来计分，而单独或个别项目是无意义的。

序号	题　目	分数
8	在网络舆论中学生往往是教育问题中的受害方	
9	网络媒体的介入对解决现实教育问题有积极作用	
10	网络舆论对现实教育情况有很大影响	

三、统计研究

本次调查研究主要通过具体的问卷测试,辅以个别访谈和小型座谈会形式,在全国范围内,以滚雪球的方式发放网络调查问卷。调查共发放问卷 1 111 份,经筛选剔除无效问卷 85 份,回收有效问卷共计 1 026 份,有效率为 92.35%。问卷数据经 SPSS 软件[①]处理并对部分变量做因子分析及相关分析。

(一) 教育舆情认知状况的描述分析

1. 样本基本变量描述分析

样本的基本变量描述如表 3 所示。有效问卷中,男性人数为 450,占比 43.86%,女性人数为 576,占比 56.14%。被调查者学历以本科为主,占比 53.8%。月收入 2 000 元～5 000 元者的被调查者比重最大,所占比重为 35.09%。被调查者每天上网浏览新闻的时间大多为半小时到两小时之间,占比为 50.19%。在与教育有关的身份变量中,学生与家长群体占据了主流。

---

① 具体统计软件为 SPSS 17.0。

表 3　样本的基本变量描述性分析(N＝1016)

指标	频数(%)	指标	频数(%)
性别		**浏览方式**	
男	450(43.86%)	电视广播	483(47.08%)
女	576(56.14%)	报刊杂志	263(25.63%)
学历		网页浏览	701(68.32%)
初中及以下	22(2.14%)	手机 APP 推送	434(42.3%)
高中	81(7.89%)	微信、微博	799(77.88%)
大专	224(21.83%)	新闻弹窗	314(30.6%)
本科	552(53.8%)	其他	24(2.34%)
研究生及以上	147(14.33%)	**月收入**	
身份		2 000 元以下	250(24.37%)
学生	283(27.58%)	2 001～5 000 元	360(35.09%)
教师	112(10.92%)	5 001～10 000 元	315(30.7%)
学生家长	184(17.93%)	10 001 元以上	101(9.84%)
教育部门	27(2.63%)	**居住地**	
学校非教师职工	20(1.95%)	华北	107(10.43%)
商业教育机构	51(4.97%)	东北	112(10.92%)
其他	427(41.62%)	华东	430(41.91%)
日上网时间		华中	133(12.96%)
半小时以内	346(33.72%)	西南	161(15.69%)
半小时～两小时	515(50.19%)	西北	25(2.44%)
两小时以上	165(16.08%)	华南	46(4.48%)
		国外	12(1.17%)

2. 教育舆情主观关注度的描述分析

被调查者在问及"上网时是否会关注教育方面的消息时",以"不会主动关注,但浏览到相关信息时会稍加关注"为主,比例为 56.92%;最关注的教育议题为"政策法规类",占比 45.22%,以及"校园安全类",占比 43.18%;"多地学生食物中毒"以56.34%的比例成为被调查者最关注的教育舆情事件;"对一个教育事件的关注时间"以"一到两天"为主,占比 42.69%。具体情况如表 4 所示。

表 4　教育舆情主观关注度统计表

类　目	人数	比　例
上网时是否会关注教育方面的消息		
会主动搜索并关注	262	25.54%
不会主动关注,但浏览到相关信息时会稍加关注	584	56.92%
仅仅浏览相关简要信息或标题,不太注意具体内容	142	13.84%
不关注	38	3.7%
您对一个教育事件的关注时间		
看过就不再关心	223	21.73%
一两天	438	42.69%
几周	151	14.72%
较长时间或持续到事件结束	214	20.86%

续　表

类　目	人数	比　例
最关注的教育议题（可多选）		
考试招生类	410	▰▰▰▱▱▱ 39.96%
政策法规类	464	▰▰▰▰▱▱ 45.22%
教育管理类	367	▰▰▰▱▱▱ 35.77%
师德师风类	296	▰▰▱▱▱▱ 28.85%
校园安全类	443	▰▰▰▰▱▱ 43.18%
名校事件类	266	▰▰▱▱▱▱ 25.93%
学生品行类	171	▰▱▱▱▱▱ 16.67%
教育缺位类	136	▰▱▱▱▱▱ 13.26%
其他	47	▰▱▱▱▱▱ 4.58%
关注过以下哪些事件（可多选）		
北大清华抢生源骂战	456	▰▰▰▰▱▱ 44.44%
高考重回全国卷	402	▰▰▰▱▱▱ 39.18%
高考工场六安毛坦厂中学	195	▰▰▱▱▱▱ 19.01%
复旦教授"小三门"	332	▰▰▰▱▱▱ 32.36%
多地学生食物中毒	578	▰▰▰▰▰▱ 56.34%
复旦宣传片抄袭	374	▰▰▰▱▱▱ 36.45%
海南一考生见义勇为受伤错失高考	347	▰▰▰▱▱▱ 33.82%
毕节留守儿童自杀	435	▰▰▰▰▱▱ 42.4%

3. 教育舆情实际行动的描述分析

教育舆情实际行动考察是指网民在参与网络教育舆情是所

采取的行动及态度。调查结果先是,网民在参与教育问题的讨论时,通常会采取"不参与讨论,只是看看"的方式,比重为54.97%;而网民在参与教育事件的讨论时,通常会"就事论事发表客观评价",所占比例为64.81%。具体调查结果如表5所示。

表5　教育舆情实际行动统计表

类　目	小计	比　例
教育问题讨论时采取方式(可多选)		
不参与讨论,只是看看	564	54.97%
仅转发或点赞	312	30.41%
简要跟贴或评论	257	25.05%
私下与朋友讨论	511	49.81%
深入分析,写评论文章或个人感想	49	4.78%
开展力所能及的实际行动	57	5.56%
教育问题讨论时采取态度		
事不关己,随便看看	217	21.15%
带有强烈个人主观态度	144	14.04%
就事论事发表客观评价	665	64.81%

4. 教育舆情事件态度的描述分析

教育舆情事件态度分析旨在了解网民对当下教育舆情事件与教育环境的态度。据调查,持有"当下教育新闻属性负面居多"的网民所占比重较大,为48.34%;对当今的教育制度与教育环境的态度以"不满"为主,所占比例为73.88%;在对教育事件态度测量矩阵量表统计中,平均得分为3.19,网民态度以一般为主。具体调查结果如表6所示。

表 6　教育舆情事件态度统计表

类目	小计	比例
教育新闻属性		
正面居多	212	20.66%
负面居多	496	48.34%
较为平衡	318	30.99%
对教育制度与教育环境的态度		
不满	758	73.88%
不关心	134	13.06%
满意	134	13.06%

（二）教育舆情认知状况的统计分析

教育舆情认知状况的描述分析从数量与比率上对各个变量进行了分析,有利于读者直截了当地了解本研究调查结果中民众对教育舆情认知的基本状况。为了解影响教育舆情认知的因素,即因变量与自变量之间的相关程度,我们在原有变量的基础上,将因变量进行因子分析降维,并通过相关分析进行验证。基于身份变量的多重性特征,本研究将身份变量单独与因变量进行了相关分析,操作过程及结果如下:

1. 因子分析

运用探索性因子分析方法,对 Y1 至 Y5,以及态度测量量表分别进行因子分析,KMO 值分别为 0.563 以及 0.833,所以对其进行因子分析,结果如表 7 所示。对于变量 Y1－Y5 而言,"关注时长 Y2""关注方式 Y1""讨论态度 Y3"三项指标对 F1 的负荷值最高,分别达到了 0.770、－0.663、0.648,说明此三项指标较好地代表了 F1,从指标涉及的内容来看,都是被调查者舆情认知的主观关注体现,因此将 F1 命名为主观关注度。"教育制度 Y4""新闻属性 Y5"两项指标对 F2 的负荷值最高,分别达到了 0.719、-0.702,说明此两项指标较好地代表了 F2,从指标涉及的内容来看,都涉及对舆论环境满意度的评价,因此将 F2 命名为舆论环境满意度。

表7　教育舆情认知状况的因子分析结果

自变量	新因子命名	
	F1 主观关注度	F2 舆论环境满意度
关注时长 Y2	0.781	-0.007
关注方式 Y1	0.700	0.227
讨论态度 Y3	-0.608	0.359
教育制度 Y4	-0.006	0.719
新闻属性 Y5	-0.023	-0.702

对于态度量表而言,如表8所示,"题目 1—5 以及 9—10"7 项指标对 F3 的负荷值最高,说明此七项指标较好地代表了 F1,从指标涉及的内容来看,都是舆论新闻可信度的典型内容,因此将 F3 命名为舆论新闻可信度。"题目 6—8"三项指标对 F4 的负荷值最高,说明此三项指标较好地代表了 F4,从指标涉及的内容来看,都是新闻报道的负面倾向,因此将 F4 命名为新闻报道负面倾向。

表8　教育舆情认知状况的因子分析结果

自变量	新因子命名	
	F3 舆论新闻可信度	F4 新闻报道负面倾向
题目 2	0.734	-0.305
题目 4	0.726	-0.291

续　表

自变量	新因子命名	
	F3 舆论新闻可信度	F4 新闻报道负面倾向
题目 1	0.696	－0.286
题目 5	0.688	－0.269
题目 3	0.687	－0.305
题目 9	0.640	－0.041
题目 10	0.619	0.157
题目 8	0.506	0.487
题目 7	0.538	0.687
题目 6	0.569	0.599

2. 因素分析

为了进一步探讨影响我国网民教育舆情关注度的具体因素，我们将 X1—X6 这六个变量与降维后的各因变量进行相关分析，得出相关系数统计如表 9 所示。

表 9　教育舆情认知状况的影响因素

	主观关注度	舆论环境满意度	舆论新闻可信度	新闻报道负面倾向
性别	－0.025	.095**	0.052	－.065*
年龄	.189**	－0.03	0.027	－0.008
教育水平	0.013	0.001	－0.008	0.007
居住地	－0.045	－0.001	0	0.01
月收入	.155**	0.002	0.018	0.004
上网时长	.106**	－0.022	0.021	0.022

（1）如表 9 所示，主观关注度与年龄、月收入、日上网时长成正

向相关,且效果显著。为了探讨这三个自变量与主观关注度的相关性差异,本研究将年龄、月收入、日上网时长与关注方式、讨论态度、关注时长进行了再次相关分析,统计结果如表 10 所示。具体而言,年龄越大、月收入越高、日上网时长越长的网民更易采取"会主动搜索并关注"的关注方式;在网络教育舆情的讨论过程中,更趋向于采取"就事论事发表客观评价"的讨论态度;在关注持续度上,关注时长倾向于"较长时间或持续到事件结束"。

表 10 教育舆情主观关注度的影响因素[①]

自变量 \ 关注度	关注方式	讨论态度	关注时长
年龄	− .122**	.105**	.167**
月收入	− .090**	.111**	.120**
上网时长	− .078*	0.007	.135**

(2)舆论环境满意度与性别高度相关,且效果显著。具体而言,女性比男性更倾向于认为在网上接触到的相关新闻中,正面新闻居多;对当下的教育制度与教育环境较为满意。统计结果显示,14.24%的女性对当今教育制度与教育环境满意,而男性在该选项中比例为 11.56%。

(3)新闻媒体报道负面倾向与性别呈相关关系,男性比女性更倾向于认为新闻媒体的报道是负面的。具体而言,男性更倾向于认为在网络舆论中所接触到的教师形象与学校形象是负面的;在网络舆论中学生往往是教育问题中的受害方。

(4)教育水平、居住地域与民众舆情关注度相关性较小。

---

① 带"*"的表示相关系数在 0.05 的显著性水平(双尾)上显著相关;带"**"的表示相关系数在 0.01 的显著性水平(双尾)上显著相关。

在主观关注度、舆情环境满意度、舆论新闻可信度、新闻报道负面倾向四个维度下,教育水平与居住地域均与这四个维度相关性极小,故不予讨论。

3. 身份与教育舆情认知的相关分析

身份与教育舆情认知的相关分析旨在探讨不同身份群体的教育舆情认知特点,验证假设"与教育相关程度差异不同的身份对教育舆情的关注度不同"。统计结果如表 11 所示:学生、家长、教师、教育相关部门工作人员与主观关注度成正相关关系,且显著性水平高,表明这四类群体在主观关注度方面,明显高于其他身份群体;舆论环境满意度与教育相关部门工作人员呈负相关关系,且显著性水平高,表明非教育相关部门工作者对舆论环境更为满意;舆论新闻可信度与家长及教育相关部门工作者正相关,即这两类群体比其他身份群体更倾向于认为教育新闻可信度高;新闻报道负面倾向与身份相关性较小。

表 11　身份与教育舆情认知状况①

身份	主观关注度	舆论环境满意度	舆论新闻可信度	新闻报道负面倾向
学生	.125**	0.015	− 0.043	− 0.03
教师	.121**	− 0.057	− 0.003	0.046
家长	.138**	− 0.018	.074*	0.002
教育部门工作人员	.104**	− .142**	.155**	− 0.021
学校非教师职工	0.033	− 0.012	.074*	0.052
服务业教育机构	0.031	− 0.022	0.026	0.037
其他	.082**	.076*	− .086**	0

---

① 带"＊"的表示相关系数在 0.05 的显著性水平(双尾)上显著相关;带"＊＊"的表示相关系数在 0.01 的显著性水平(双尾)上显著相关。

四、小结与建议

（一）小结

本研究从主观关注度、舆论环境满意度、舆论新闻可信度、新闻报道负面倾向这四个维度就我国民众对教育网络舆情的关注情况进行了定量分析。在控制变量的前提下，主观关注度与年龄、月收入、日上网时长高度正相关；而性别则影响着舆论环境满意度与新闻媒体报道倾向认知：男性与女性相比而言，男性的满意度低，负面倾向多。

1. 民众的悲观性：负面情绪为主

在此项调查中，仅有 20.66% 的被调查者认为网络上新闻以正面为主，高达 73.88% 的被调查者对当下教育环境与教育制度表现不满。研究结果与王行丽调查结论相符：被调查者对我国教育现状的总体评价不高。被调查者的悲观体现在对当前教育制度与教育环境的不满，来源于新闻媒体大量的负面报道。新媒体时代的到来，为民众提供了更多获取信息的途径，民众拥有更多自主选择权，媒体却面临着史无前例的竞争。残酷的环境迫使媒体不得不选择劲爆的话题进行报道，事实证明，负面新闻更易引起民众关注。校园暴力、高校贪腐、名校抄袭等，一直占据着新闻头条。这就像是一个负能量反馈环，媒体与民众涉身其中而不能自拔。

2. 民众的现实性：关注议题息息相关

基于教育的普遍性，越来越多的民众开始关注教育并将其赋予深远的意义。调查结果显示，民众所关注的都是与自身利益切身相关的议题与事件。具体而言学生最关注的教育议题为"考试招生类"与"校园安全类"，分别占比为 55.6% 与 49.6%；教师群体所关注的议题为"政策法规类"与"教育管理类"，占比为 53.6% 与 51.8%；教育主管部门工作人员最关注的议题为

"教育管理类",比重高到 70.4%;学校非教师职工则是更多地关注"校园安全类",比重为 50%;商业教育机构工作者则偏向于"教育管理类"与"政策法规类",比重分别为 49%与 46.1%。

3. 民众的差异性:教育相关身份的影响

教育相关身份在影响个体所关注议题与事件的同时,也在影响着个体对其他教育舆情的认知状况。教育部门相关工作人员对当下教育环境与制度的满意度较低,而与教育非相关的身份群体则表示较为满意。基于教育部门相关工作者日常工作特性,其对教育领域的社会责任感更强,对于教育系统的"黑箱"更为了解,可能在一定程度上降低了对当下教育环境与制度的满意程度。而非教育领域民众在日常生活中对教育的关注较少,又因与自身利益相关性弱,所以对当下的教育环境与制度相对满意。

(二)建议

1. 加强新兴媒体的监督管理

随着互联网应用的普及,移动客户端的使用愈加频繁。自媒体的出现为民众提供了新闻获取及传播的新媒介,并逐步取代报纸、电视等传统媒介成为主流。正如调查所示,微信、微博等社交平台成为当代民众了解教育舆情的主要渠道,高达77.88%的被调查者通过微博、微信来获取信息,而仅有25.63%的被调查者通过报纸期刊来获取信息。自媒体的发展势不可挡,与之相符的自主化、平民化的特点,使得自媒体这个平台充满了不可预知性。当下,对自媒体等新兴媒体的监管机制尚未完善,民众在自媒体上的言论受到较少限制,使得信息鱼龙混杂。政府在加强网络舆情治理的同时,也要注重对自媒体以及移动客户端的监控,为广大网民营造教育的蓝天。

2. 完善全民素质的终身教育

调查中发现,高学历高收入群体对教育舆情事件更趋于理性化,在参与教育舆情事件讨论的过程中倾向于客观地就事论事评价。民众是教育舆情的主体参与者,其所选择的方式与态度,很大程度上影响着舆情的波动与发展,这就对网民应客观理性地参与其中提出了更高的要求。素质教育的终身化是指结合社会与个人发展的综合要求,以思想道德素质培养为主,贯穿个人的一身,从而达到身体与心理的双重健康。素质教育的终身化有助于民众对教育舆情认知的理性化,可有效地促进教育舆情积极健康地发展。

3. 营造积极向上的网络氛围

正如前文所言,民众教育舆情认知表现出悲观性的特征,而消极懈怠的网络氛围对于该特征的形成起着重要作用。为了提高民众环境满意度与改变认知悲观性,政府应加强网络管理,营造文明健康、积极向上的网络文化氛围。首先,要完善相应的法律法规,规范民众的网络行为;其次,要加强教育引导,培养民众树立正确的人生观与价值观,倡导全民参与,号召网民从我做起,自主规范网络言行;最后,要完善管理体制,加强网络管理队伍的建设,深入推行网络文明建设,从而营造积极健康向上的网络氛围。

全国各省级教育主管部门
新媒体使用情况研究报告

一、前言

在网民数量连年增长的态势下,拥有大量网络用户的微博和微信成为大众获取信息、表达民意的重要平台。根据中国互联网信息中心于 2015 年 7 月 22 日发布的第 36 次《中国互联网络发展状况统计报告》显示,截至 2015 年 6 月,我国网民规模达 6.68 亿,半年共计新增网民 1 894 万人,普及率为 48.8%,我国微博用户规模为 2.04 亿,网民使用率为 30.6%,而以腾讯旗下 QQ 和微信为代表的即时通信用户规模达 5.9 亿人,占网民的 91.2%。[①] 据《2014 年中国社交类应用用户行为研究报告》,截至 2014 年 6 月,三大社交类应用中,即时通信在整体网民中的覆盖率最高,为 89.3%,其次是社交网站,覆盖率为 61.7%,再次是微博,覆盖率为 43.6%。[②]

微博、微信等新媒体的广泛应用不仅改变用户获取信息的方式,也改变信息传播的途径。2011 年开始,许多省级教育主

[①] 中国互联网信息中心,中国互联网发展状况统计报告,采集日期:2015 年 12 月 16 日。 http://www.cnnic.cn/hlwfzyj/hlwxzbg/hlwtjbg/201507/P020150723549500667087.pdf

[②] 中国互联网信息中心,中国社交类应用用户行为研究报告,采集日期:2015 年 12 月 16 日。http://www.cnnic.cn/hlwfzyj/hlwxzbg/201408/t20140822_47862.htm

管部门相继开通官方微博与微信平台,利用新媒体传播最新教育资讯、传递教育文化知识、及时为群众答疑解惑、在突发事件中引导舆论走向,希望营造良好的网络舆论环境。但也有部分教育主管部门对新媒体的应用较为滞后,没有开通或者开通了账号却未加积极利用,不能充分发挥新媒体在信息传播、舆论引导上的作用。

基于上述背景,本研究通过对 31 个省、市、自治区教育主管部门微博和微信公众账号的建设和运营情况进行统计分析,在评价指标体系下从开通情况、运营情况和传播效果等方面进行评估。从而客观准确地考察 31 个省、市、自治区教育主管部门对新媒体的使用现状,厘清未来进一步改善和发展的可能性空间,促进各地教育主管部门树立正确的观念,从而有效地使用新媒体。

二、研究设计

(一) 数据采集与抽样

1. 全国各省(直辖市、自治区)微博、微信账号的确定与收集

《2014 年中国社交类应用用户行为研究报告》称,截至 2014 年 6 月,微博覆盖率为 43.6%,其中使用过新浪微博的网民比例最高,为 28.4%,21% 的网民会通过微博关注新闻。[①] 新浪微博作为影响力与渗透率最大的微博平台,在日常生活中几乎成为了"微博"的代名词,成为人们获取信息的主要渠道之一。本研究选取用户最多、最活跃的新浪微博为研究对象。

---

① 中国互联网信息中心,中国社交类应用用户行为研究报告,采集日期:2015 年 12 月 16 日。http://www.cnnic.cn/hlwfzyj/hlwxzbg/201408/t20140822_47862.htm

　　本研究主要通过电话、邮件、官网、微博和微信五大途径获取省级教委的官方微博和微信账号。通过各省(直辖市、自治区)教委官网上公布的电话和邮箱都可直接询问各地教委的工作人员。同时,通过官网上的互动交流板块,如"网上信箱""咨询服务""投诉建议"等,获取相关信息。此外,还可以通过已知的微博或微信账号进行交互询问。

　　通过多种方式并用,本研究获取了各省(直辖市、自治区)教委的官方新浪微博 24 个,分别是"@上海教育""@陕西省教育厅""@安徽省教育厅""@甘肃省教育厅""@天津教育""@江苏教育发布""@河南教育""@教育之江""@北京市教委""@湖南教育网""@四川教育""@山东省教育厅""@新疆教育厅""@辽宁省教育厅官方微博""@吉林省教育厅""@宁夏教育网官博""@海南省教育厅微博""@江西省教育厅""@贵州教育""@青海省教育厅""@云南省教育厅微博""@广西教育厅官方微博""@黑龙江教育""@三晋教育"。同时,本研究获取各省(直辖市、自治区)教委的官方微信 28 个,分别是:"贵州教育网""河南省教育厅""上海教育""四川省教育厅""福建教育微言""山东教育发布""江西省教育厅""海南省教育厅""宁夏教育厅""陕西省教育厅""山西教育在线""吉林教育""甘肃教育""新疆教育""云南省教育厅微博""八桂教育""天津教育""黑龙江教育微言""青海教育""湖北省教育厅""河北教育""辽宁教育""安徽省教育厅""首都教育""教育之江""江苏教育发布""广东教育"和"湖南教育网",辽宁、河北与安徽 2015 年均未发布消息,故不在本研究统计范围内。

2. 微博博文及微信消息的抽样

　　本研究运用随机抽样对微博及微信消息进行内容分析。以 2015 年 1 月 1 日至 2015 年 11 月 30 日为期限,对在此期间发布微博博文数量或推送微信数量小于 100 条的账号,逐条内容进行分析,抽样样本即为总体;对在此期间发送微博数量大于 100 条的账号,进行分层抽样,以月份为单位,按每月博文或微信消息占年度总消息数目的比例抽取总数为 100 条的微博或微信消息进行分析,对于发送微信数量大于 100 条的账号,每隔 10 条抽取一条进行分析。

(二)评价指标建构

本研究借鉴传播学家拉斯维尔的"传播过程五要素"作为构建评价指标体系的理论出发点。一般而言,传播者、受传者、讯息、媒介和反馈构成了传播活动的五大基本要素,而政府机构的传播过程也要具备这五大基本要素。具体到本研究中,各省(直辖市、自治区)教委作为传播者,以微博和微信为传播渠道,把教育相关信息传播给普通受众。群众作为受传者在接收到讯息后会做出回应、与教委进行互动。这五大要素是传播过程成立的基本条件,每个要素都不可或缺。所以对每一要素进行评价,即可从总体上评价一个完整的传播过程,对各省(直辖市、自治区)教委微博、微信进行排名。

1. 微博评价指标体系

截至 2015 年 11 月 30 日,本研究共收集到 24 个省(直辖市、自治区)教委的官方新浪微博,对其进行了一级指标、二级指标和三级指标的统计,在二级指标中加权计算得出一级指标分排行榜,再对四个一级指标以相等权重加权计算得出省级教委官方新浪微博的排行榜。其中,各省(直辖市、自治区)教委新浪微博排行主要依据四个指标:传者指标、信息指标、受众指标和互动指标。

"传者指标"针对各省(直辖市、自治区)教委官方新浪微博的账号本身而言,代表了各省(直辖市、自治区)教委官方新浪微博的权威性、开通的及时性、信息的获取便捷性等。账号开通越早,账号的基本信息和认证信息越完善,网民越容易获知,传者指标的得分就越高,表明该教委在账号开通与维护方面较好地扮演了传播者的角色。统计微博传播者所涉及的参数包括:是否有官方认证、是否有官方简介、新浪加 V 等级、是否为教育系统官方微博联盟成员、开通时间等。

"信息指标"针对各省(直辖市、自治区)教委官方新浪微博发送的博文而言,代表了其博文内容的规模、呈现方式的多样性、相关性和原创性。信息指标得分越高,表示该教委微博发送的博文数量越多、频率越高、呈现方式越多样、原创性和相关性越高。统计微博信息指标时所涉及的参数包括:微博数、日均微博发帖数、内容相关微博占比;原创微博占比;信息形式类别等。

"受众指标"针对各省(直辖市、自治区)教委官方新浪微博的粉丝而言,代表了其账号的影响力。因本研究采用人工统计,所以无法统计粉丝的认证数与粉丝的影响力,仅对各教委粉丝数进行简单统计说明。

"互动指标"代表各省(直辖市、自治区)教委通过新浪微博与网民互动的活跃程度,互动越频繁,互动指标得分越高。统计互动指标设计的参数包括:最大转发数、转发率;最大点赞数、点赞率;最大评论数和评论率。由于平均指标受极端值影响大,本研究中转发率、点赞率、评论率均为除去最大值后的平均值。

表 1　各省(直辖市、自治区)教育主管部门微博评价指标

一级指标	二级指标	三级指标
传者指标	权威性	是否官方认证
		是否有官方简介
		加 V 等级

续 表

一级指标	二级指标	三级指标
	易知性	是否为教育系统官方微博联盟成员
	及时性	开通天数(或开通时间)
信息指标	信息规模	微博数量
		日均微博发帖数
	信息形式类别	文字
		图片
		视频
	信息主题分类	政务政策
		考试招生
		校园资讯
		学生教育
		求职招聘
		生活百科
		其他
	相关性	内容是否为教育相关
	原创性	是否为原创微博
受众指标	粉丝规模	粉丝数
互动指标	评论指标	最大评论量
		评论率(每条微博的平均评论量)
	转发指标	最大转发量
		转发率(每条微博的平均转发量)
	点赞指标	最大点赞量
		点赞率(每条微博的平均点赞量)

2. 微信评价指标体系

微博作为公共开放平台,其用户粉丝数、关注数和发博数都是公开的,但是微信公众账号的粉丝数除后台管理人员外,一般用户无法获知,所以在实际统计过程中剔除了受众指标,主要针对微信账号的传者指标、信息指标和互动指标等三大指标做相应考察。官方微信公众平台的重要作用是信息发布,而受众对信息的接受认可程度在本研究中体现在互动指标的点赞量上,因此在三大一级指标统计中,分别以权重 50%、25%、25%计算"互动指标""传者指标"和"信息指标",最后汇总得出微信总排行榜。

对比微博评价体系,微信评价体系除了在一级指标中剔除受众指标外,还有以下几方面不同:

（1）传者指标中的二级指标增加功能性指标。主要考察微信公众账号是否设置栏目板块以及设置栏目板块的数量。基于微信平台栏目板块的功能开发,是政府积极建设新媒体,打造便捷、高效的信息传播平台的体现。板块设置一方面方便用户快速查找相关信息,另一方面通过设置反馈问题、咨询服务、投诉建议等板块,也可以增加群众与教育部门的沟通渠道。

（2）互动指标中主要考察阅读指标和点赞指标。由于微信平台设置,本研究只能获得微信公共账号每条消息的阅读数和点赞数。阅读行为是用户与教育主管部门在微信上互动的第一步,同时微信消息的阅读量与微信账号的粉丝数、消息质量有很大关联。而点赞作为用户阅读消息之后的第二步,代表了用户对推送消息的认可,亦是对微信账号的认可。由于平均指标受极端值影响大,本研究中阅读率与点赞率均为除去最大值后的平均值。

表2　各省(直辖市、自治区)教育主管部门微信评价指标

传者指标	权威性	是否官方认证
	易知性	是否有官方简介
		是否可以从国家教委官网获知
		是否可以从官方网站获知
	功能性	是否可以从官方微博获知
		是否有可选板块
		板块设置数量
信息指标	及时性	开通天数(或开通时间)
	信息规模	消息数量
		日均消息推送量
	信息形式类别	文字
		图片
		视频
	信息主题分类	政务政策
		考试招生
		校园资讯
		学生教育
		求职招聘
		生活百科
互动指标	相关性	其他
	原创性	是否是原创消息
	阅读指标	最大阅读量
		阅读率(每条信息的平均阅读量)
	点赞指标	最大点赞量
		点赞率(每条信息的平均点赞量)

三、我国省级教委官方新浪微博总体分析及排行榜

（一）新浪微博账号总体分析

1. 2011 年与 2013 年开通数量最多

2011 年是政务微博元年。2011 年 10 月，国信办在京召开积极运用微博客服务社会经验交流会。国信办主任王晨在会上反复强调了政务微博的重要性。之后，政务微博进入了高速增长期。根据《2011 年中国政务微博评估报告》与《2011 年中国政务微博报告》中数据显示，2011 年政务微博的数量显著增长。湖南、安徽、甘肃、新疆、辽宁、北京和山东七省（自治区）教育厅于 2011 年相继开通官方微博账号。

《教育部 2013 年工作重点》中提到，要"扩大省级政府教育统筹权"。在此背景下，各省级教育部门纷纷发挥其能动性，这一年天津、宁夏、浙江、吉林、江苏、四川和河南七个省（自治区）级教育厅开通了新浪微博。

2. 开通地域分布较均匀，西部开通比例最高

从地域分布来看，本报告共统计了 24 个省（直辖市、自治区）教育部门的新浪微博。其中东部 11 个省市共有 8 个地区的账号：北京、海南、江苏、辽宁、山东、上海、天津以及浙江，占全部东部省份的 72.2%。西部共 12 个省（自治区），共有 9 个地区的账号：甘肃、广西、贵州、青海、陕西、四川、新疆、宁夏和云南，占西部全部省（自治区）的 75%。中部 8 个省份共有 7 个账号，安徽、河南、黑龙江、湖南、吉林、江西和山西，占比 87.5%。

3. 政务政策类微博最多

本研究将微博按照内容分为以下六类：（1）政务政策类：与教育相关工作政策宣传相关的微博，包括政府政务公告（政府部门工作内容、召开会议、领导视察）与政策文件公示等；（2）考试招生类：与学生入学、资格考试等新闻相关的微博，包括录取

分数线,录取名单公示,学校招生简章,以及与高考、中考、小学入学、幼儿园报名等相关信息;(3)校园资讯:与学校新闻相关的微博,包括学校内发生的事件(组织活动、举办比赛、优秀教师评选、三好学生评选)等;(4)学生教育类:与学生教育理念相关的微博;(5)生活百科类:与文化知识科普相关的微博、包括文学文化类普及、名著名人名言介绍、传统节日推广,英文计算机技巧,教师健康、儿童安全常识等;(6)其他类:包括其他重要新闻(如国庆阅兵,重大事件纪念,其他领域突发重大新闻),"心灵鸡汤"等。

统计发现,政务政策与校园资讯为主的微博账号占绝对优势。24个账号中,有5个为政务政策类微博,发送微博50%以上都与教育部门政务工作和政策宣传相关,包括青海、云南、黑龙江、海南与四川,另外吉林与贵州为校园资讯类微博,发送微博50%以上为校园新闻。其他省(直辖市、自治区)教育部门发布的微博内容较为均衡,各类信息占比相当。

(二) 新浪微博总排行榜

统计显示,北京、四川、上海的省(市)级教育部门官方微博在建设和运营方面表现最好,整体得分较高。表3列出了各省(直辖市、自治区)教育部门新浪微博的基本信息以及一级指标排名。

表3　各省(直辖市、自治区)教育部门新浪微博总排行榜

总排名	地区	微博名称	传者指标排名	信息指标排名	受众指标排名	互动指标排名
1	安徽	安徽省教育厅	1	10	2	2
2(并列)	上海	上海教育	3	2	7	9
2(并列)	北京	北京市教委	6	6	3	6

续　表

总排名	地区	微博名称	传者指标排名	信息指标排名	受众指标排名	互动指标排名
4	河南	河南教育	8	3	1	10
5	甘肃	甘肃省教育厅	2	12	5	5
6	陕西	陕西省教育厅	5	4	13	3
7	江苏	江苏教育发布	7	5	10	7
8	四川	四川教育	14	7	9	1
9	天津	天津教育	4	1	11	17
10	新疆	新疆教育厅	11	17	4	12
11	浙江	教育之江	9	8	16	13
12	云南	云南省教育厅微博	18	20	6	4
13	湖南	湖南教育网	10	11	12	16
14	辽宁	辽宁省教育厅官方微博	12	14	15	8
15	山东	山东省教育厅	13	13	14	11
16	贵州	贵州教育	19	19	8	14
17	吉林	吉林省教育厅	15	9	17	19
18	江西	江西省教育厅	16	16	19	15
19	海南	海南省教育厅微博	17	15	21	20
20	广西	广西教育厅官方微博	22	21	23	18
21	宁夏	宁夏教育网官博	20	23	22	21
22	青海	青海省教育厅	21	22	20	23

续　表

总排名	地区	微博名称	传者指标排名	信息指标排名	受众指标排名	互动指标排名
23	黑龙江	黑龙江教育	23	18	24	22
24	山西	三晋教育	24	24	18	24

在新浪微博总排行榜中,"@安徽省教育厅""@上海教育""@北京市教委"名列三甲。这三个账号在各类指标上都表现突出。"@安徽省教育厅"在传者指标、互动指标和受众指标上成绩优异,"@上海教育"在信息指标和传者指标上表现优异,信息数量、原创性、形式的多样性都名列前茅,"@北京市教委"在受众指标上也表现出色。值得一提的是,前三甲在传者的排名上得分都很高。政务微博作为政府部门官方网站的有效延伸,其官方权威性不容忽视,前三甲都重视官方认证,规范简介等身份认证工作,便于网民查找与辨认。

此外,"@天津教育"在发送微博规模上遥遥领先;"@河南教育"与"@陕西省教育厅"在微博发送形式上相对较为规范,原创微博与带图片微博比重超过80%,微博以话题开头,并带有图片,形成了相对固定的板块与模式,便于网民分类查找信息;"@甘肃省教育厅"以其特色"♯微回应♯"话题帮助网民解决实际问题,成为便民服务与对话互动的典范。

(三)新浪微博分排行榜

1. 传者指标排行榜

表4　各省(直辖市、自治区)教育部门新浪微博传者指标排行榜

排　名	地　区	微博名称
1	安徽	安徽省教育厅
2	甘肃	甘肃省教育厅

续　表

排　名	地　区	微博名称
3	上海	上海教育
4	天津	天津教育
5	陕西	陕西省教育厅
6	北京	北京市教委
7	江苏	江苏教育发布
8	河南	河南教育
9	浙江	教育之江
10	湖南	湖南教育网
11	新疆	新疆教育厅
12	辽宁	辽宁省教育厅官方微博
13	山东	山东省教育厅
14	四川	四川教育
15	吉林	吉林省教育厅
16	江西	江西省教育厅
17	海南	海南省教育厅微博
18	云南	云南省教育厅微博
19	贵州	贵州教育
20	宁夏	宁夏教育网官博
21	青海	青海省教育厅
22	广西	广西教育厅官方微博
23	黑龙江	黑龙江教育
24	山西	三晋教育

（1）绝大多数都有官方认证,宁夏和湖南例外

官方认证是网民辨别政务微博真假的最直观要素之一。新浪"微博帮助"页面中明确说明了政府官方认证标准及要求。只要昵称规范合理;有头像;发表过微博;认证说明需填写机构全称＋官方微博;行政级别为县处级以上的政府机构提供加盖公章的《政府机构官方微博认证申请信息表和公函》并填写机构名称全称、认证说明、机构所在地、机构联系人、联系人电话、联系人职务、联系人邮箱等信息,即可在认证页面中"政府官方认证"部分进行认证申请。宁夏与湖南均为该省教育网官方的微博,该省教育网是隶属于省教育厅的门户网站,可代行该省教育厅官方微博部分的功能,"@湖南教育网"的认证身份为"湖南省教育厅门户网站湖南教育网官方微博","@宁夏教育网"未进行认证。

(2) 近三成账号有简介,而大部分简介内容无意义

微博简介是网民对一个微博账号进行认知和功能定位的重要要素之一。本次统计的 24 个微博账号中,有七个账号没有设置简介,辽宁、山东、吉林、江西、海南、青海和广西均通过了微博认证,但未在首页进行自我介绍。与此相反,"@湖南教育网"虽不是教育厅官方账号,其在简介中明确指出"湖南省教育厅门户网,由省教育厅、省委教育工委主办,省教育管理信息中心承办,提供新闻宣传、政务公开、信息服务"[1],由此可见,其代行教育厅账号新闻宣传、政务公开、信息服务的功能,本研究将其列入研究对象范畴。

不同账号对微博简介板块的利用程度也不相同,比如"@安徽省教育厅"在简介中充分指明其功能定位为"开展便民服务、

---

[1] 新浪微博用户"@湖南教育网",采集日期：2015 年 12 月 18 日。http://weibo.com/hunanjiaoyuwang? is_all＝1

深化政务公开、倾听群众心声、展示教育工作"①,而"@云南省教育厅微博"简介则与认证身份完全一致,并没有发挥简介应有的作用。

（3）上海的教育厅微博等级最高,安徽与陕西次之。

微博等级是用户使用微博时间长短及活跃情况的体现。② 微博等级由用户所获得的经验值累计得到,每个等级有相对应的升级经验值,通过完成发送微博、连续登录、关注一定量账号、被一定数量账号关注等任务来增加经验值,满足升级所需经验值后即可提升微博等级,获得相应权限。本研究借用新浪微博自身的微博等级作为测量活跃度的指标之一。统计发现,上海教育厅微博等级最高,为 Lv.30,安徽与陕西紧随其后,为Lv.28。

表5　各省市（自治区）教育厅新浪微博等级分布

新浪微博等级	省　份	新浪微博等级	省　份
Lv.2	山西	Lv.18	山东
Lv.4	广西、黑龙江	Lv.19	四川
Lv.5	云南、青海	Lv.23	湖南
Lv.6	贵州	Lv.24	北京、浙江
Lv.9	江西	Lv.25	江苏、河南
Lv.10	海南	Lv.26	天津
Lv.12	吉林、宁夏	Lv.27	甘肃
Lv.15	辽宁	Lv.28	安徽、陕西
Lv.17	新疆	Lv.30	上海

---

① 新浪微博用户"@安徽省教育厅"首页,采集日期：2015 年 12 月 18 日。http：//weibo.com/ahsjyt? from = myfollow_group&is_all = 1
② 新浪微博帮助,什么是微博等级,采集日期：2015 年 12 月 18 日。http：//help.weibo.com/search? k = % E5 % BE% AE% E5 % 8D% 9A% E7 % AD% 89% E7 % BA% A7

（4）教育部官方微博联盟成员

教育系统官方微博微信联盟成立于 2013 年 1 月，以教育部新闻办官方微博、官方微信"@微言教育"为核心。① 在教育系统官方微博联盟政务群中有各地教育行政部门的微博矩阵，统计中黑龙江、贵州、吉林、辽宁、新疆、山东、四川、北京、浙江、江苏、河南、天津、甘肃、安徽、陕西、上海等共 16 个省（直辖市、自治区）教育厅新浪微博在此列，占总数的 70%。

图 1　教育系统官方微博联盟政务群网站微博矩阵截图

（5）中部地区最早开通微博，西部次之，东部略晚

总体来说，中部教育厅开通微博较早，湖南与安徽早在2011 年 5 月开通了微博。截至 2015 年 11 月 30 日，共有 6省（直辖市、自治区）教育厅微博开通时间超过 1 500 天，分

---

① 教育系统官方微博联盟政务群，采集日期：2015 年 12 月 18 日。http://focus.weibo.com/pub/i/zt/jyxt

别是湖南、安徽、甘肃、新疆、辽宁和北京，东中西部各占三

分之一。

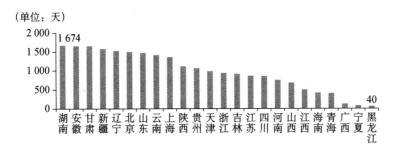

图2　各省(直辖市、自治区)教育主管部门新浪微博开通天数

2. 信息指标排行榜

表6　各省(直辖市、自治区)教育部门新浪微博信息指标排行榜

排　名	地　区	微博名称
1	天津	天津教育
2	上海	上海教育
3	河南	河南教育
4	陕西	陕西省教育厅
5	江苏	江苏教育发布
6	北京	北京市教委
7	四川	四川教育
8	浙江	教育之江
9	吉林	吉林省教育厅
10	安徽	安徽省教育厅
11	湖南	湖南教育网
12	甘肃	甘肃省教育厅

续　表

排　名	地　区	微博名称
13	山东	山东省教育厅
14	辽宁	辽宁省教育厅官方微博
15	海南	海南省教育厅微博
16	江西	江西省教育厅
17	新疆	新疆教育厅
18	黑龙江	黑龙江教育
19	贵州	贵州教育
20	云南	云南省教育厅微博
21	广西	广西教育厅官方微博
22	青海	青海省教育厅
23	宁夏	宁夏教育网官博
24	山西	三晋教育

（1）发微博数划分为四个梯队，天津领先

本研究的微博统计截止日期为 2015 年 11 月 30 日。按照博文数量可将 24 个省（直辖市、自治区）教育主管部门新浪微博划分为四个梯队。第一梯队为天津，微博数在 5 000 条以上。第二梯队为上海、河南、陕西、北京、江苏和四川，微博数在 2 000 至 4 000 条之间；第三梯队为浙江、湖南、吉林、安徽、甘肃和山东，微博数量在 500 至 2 000 条之间。第四梯队为辽宁、海南、江西、新疆、黑龙江、贵州、云南、广西、青海、宁夏和山西，微博数量不足 500 条。总体来说，天津微博数量遥遥领先，第二梯队内又明显划分为两个等级，上海、河南、陕西、北京微博数量集中在 3 500 左右，江苏与四川微博数量为 2 500 左右，第二和第三梯队微博数差距不是特别明显，第四梯队账号最多，说明有较多省

（直辖市、自治区）教育主管部门的新浪微博账号仍有进一步开发利用的空间。同时，年度微博发布数量与日均发送微博频率在大体上趋于一致。

（单位：条）

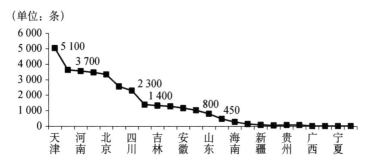

图3　2015年各省（直辖市、自治区）教育主管部门新浪微博发布数量

（2）陕西、上海、河南、天津、江苏善于在微博中采用图片和视频的呈现方式

微博可读性受内容呈现方式影响，文字、图片和视频是微博发布的三个主要方式。在微博发布中善于采用多样化的形式有利于增强受众的阅读兴趣。统计发现，陕西、上海、河南、天津与江苏五个省份善于运用图片和视频传递信息，在图片数量与视频数量上都处于第一梯队。陕西、上海与河南带图片微博数量最多，天津与江苏紧随其后。上海、江苏与河南带视频微博数量最多，天津与陕西紧随其后。从总体上看，对图片的运用程度远高于视频，所有省（直辖市、自治区）教育主管部门均有带图片微博，但是海南、新疆、黑龙江、贵州、云南、广西、青海、宁夏与山西未发布或转发过任何带有视频的微博。

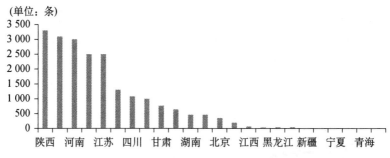

图4 2015年各省(直辖市、自治区)教育主管部门含有图片的微博数量

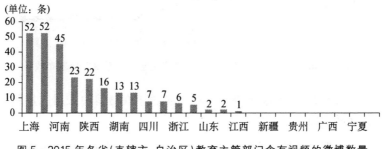

图5 2015年各省(直辖市、自治区)教育主管部门含有视频的微博数量

3. 受众指标排行榜

表7 各省(直辖市、自治区)教育部门新浪微博受众指标排行榜

排 名	地 区	微博名称
1	河南	河南教育
2	安徽	安徽省教育厅
3	北京	北京市教委
4	新疆	新疆教育厅
5	甘肃	甘肃省教育厅
6	云南	云南省教育厅微博
7	上海	上海教育

续　表

排　名	地　区	微博名称
8	贵州	贵州教育
9	四川	四川教育
10	江苏	江苏教育发布
11	天津	天津教育
12	湖南	湖南教育网
13	陕西	陕西省教育厅
14	山东	山东省教育厅
15	辽宁	辽宁省教育厅官方微博
16	浙江	教育之江
17	吉林	吉林省教育厅
18	山西	三晋教育
19	江西	江西省教育厅
20	青海	青海省教育厅
21	海南	海南省教育厅微博
22	宁夏	宁夏教育网官博
23	广西	广西教育厅官方微博
24	黑龙江	黑龙江教育

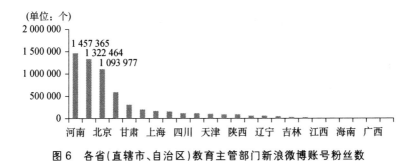

图6　各省(直辖市、自治区)教育主管部门新浪微博账号粉丝数

从图 6 中可以看出,河南粉丝最多,黑龙江最少,粉丝数差距极大。截至 2015 年 11 月 30 日,河南、安徽和北京在微博粉丝数量上处于第一梯队,有超过 100 万个粉丝。接下来,新疆、甘肃、云南、上海、贵州、四川、江苏、天津、湖南、陕西、山东、辽宁、浙江、吉林和山西共 15 个省(直辖市、自治区)处于第二梯队,粉丝数在 2 万至 6 万之间;江西、青海、海南、宁夏、广西和黑龙江处于第三梯队,粉丝数不足 1 万个。黑龙江和广西是开通最晚的两个账号,因此粉丝数量也最少。

4. 互动指标排行榜

表 8　各省(直辖市、自治区)教育部门新浪微博互动指标排行榜

排　名	地　区	微博名称
1	四川	四川教育
2	安徽	安徽省教育厅
3	陕西	陕西省教育厅
4	云南	云南省教育厅微博
5	甘肃	甘肃省教育厅
6	北京	北京市教委
7	江苏	江苏教育发布
8	辽宁	辽宁省教育厅官方微博
9	上海	上海教育
10	河南	河南教育
11	山东	山东省教育厅
12	新疆	新疆教育厅
13	浙江	教育之江
14	贵州	贵州教育

排　名	地　区	微博名称
15	江西	江西省教育厅
16	湖南	湖南教育网
17	天津	天津教育
18	广西	广西教育厅官方微博
19	吉林	吉林省教育厅
20	海南	海南省教育厅微博
21	宁夏	宁夏教育网官博
22	黑龙江	黑龙江教育
23	青海	青海省教育厅
24	山西	三晋教育

综合来看,四川在互动指标上表现最为突出。在对转发指标的统计中,北京、上海、四川以大于 250 条的转发量位列第一梯队,安徽、江苏、陕西、甘肃、辽宁、云南、河南、浙江、山东、新疆居中,湖南、天津、贵州、江西、黑龙江、吉林、广西、海南、青海、宁夏居末位。从转发量和转发率上来看,安徽、江苏与陕西虽然最大转发量不足 150,但转发率仍保持在 10—12,可以看出其转发数量分布相对较为均匀。

在对评论指标的统计中,云南以 1 273 的统计量高居榜首,北京次之,与云南共同组成第一梯队,同排名其后的省份拉开较大差距。在每条微博的评论量上,云南表现仍最为突出,平均 10.67 条评论,将近第二名 5.67 条的二倍。

在对点赞指标的统计中,北京以最多 842 个赞高居榜首,四川以最多 168 个赞位列第二,但在点赞率上看,四川以 17.41 个赞远高于北京 2.8 个赞。

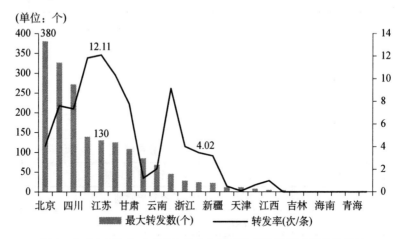

图7 各省(直辖市、自治区)教育主管部门新浪微博账号转发统计

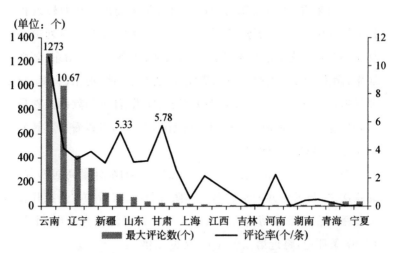

图8 各省(直辖市、自治区)教育主管部门新浪微博账号评论统计

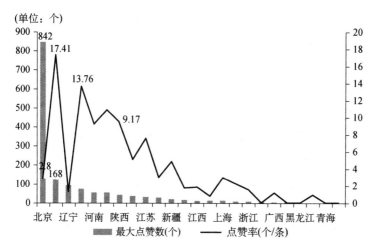

(单位：个)

图9　各省(直辖市、自治区)教育主管部门新浪微博账号点赞统计

四、我国省级教委官方微信总体分析及排行榜

(一) 微信账号总体分析

1. 2013 年底微信公众号陆续开通

天津、陕西、湖南与福建第一条微博均发布于 2013 年底。2013 年 10 月 15 日,国务院办公厅下发的《关于进一步加强政府信息公开回应社会关切提升政府公信力》要求"各地区各部门应积极探索利用政务微博、微信等新媒体,及时发布各类权威政务信息,尤其是涉及公众关切的重大公共事件和政策法规方面的信息,并充分利用新媒体的互动功能,以及时、便捷的方式与公众进行互动交流。"[①]2014 年国务院印发的政府信息公开工作要点的通知中也涉及加强政务微博、微信等公开平台的建设。

---

① 中华人民共和国国务院办公厅政府信息公开专栏,关于进一步加强政府信息公开回应社会关切提升政府公信力,采集日期: 2015 年 12 月 15 日。http://www.gov.cn/xxgk/pub/govpublic/mrlm/201310/t20131018_66498.html

在中央政策的引导下,2014 年后,各省级教育部门维系微信公众号陆续开通,2014 年共有 10 个微信公众号开通,2015 年有 14 个。河北与辽宁虽然于 2015 年开通账号完成认证,但却从未发布消息,安徽在 2014 年 4 月发布了第一条消息,但在 2015 年也未发布消息。

2. 开通地点东中西部基本均衡,西部比重略高

本研究共统计了 25 个省级教育部门的微信公众号,其中东部 11 省市共 9 个账号,分别是:上海、福建、山东、海南、天津、北京、浙江、江苏、广东,占比 81%;西部 12 个省(自治区)中也有 9 个账号,分别是:贵州、四川、宁夏、陕西、甘肃、新疆、云南、广西、青海,占比 75%;中部 8 个省份中开通了 7 个账号:河南、江西、山西、吉林、黑龙江、湖北、湖南,占比 87.5%。

3. 近半数账号为政务政策类

微信推送消息的内容分类与微博一致。在统计后发现,25 个账号中有 11 个为明显政务政策类,他们分别是:湖北、青海、山西、黑龙江、新疆、陕西、海南、宁夏、山东、广东、广西。不同于微博账号,微信账号中没有明显校园资讯类账号,其他均为综合类账号。

(二) 微信总排行榜

本研究对收集到的 25 个省市教育部门官方微信公众号进行了一级指标、二级指标和三级指标的统计,加权得出各省(直辖市、自治区)教育部门微信排行。因公众号粉丝无法统计,故除去受者指标,微信排行榜主要依据三个指标:传者指标、信息指标、互动指标。下表里列出了各账号基本信息以及各项一级指标排名。

表9　各省(直辖市、自治区)教育主管部门微信总排行榜

总排名	地区	账　号	传者指标排名	信息指标排名	互动指标排名
1	浙江	教育之江	5	8	2
2	湖南	湖南教育网	2	3	7
3	广东	广东教育	7	6	5
4	上海	上海教育	6	11	4
5	江苏	江苏教育发布	3	7	8
6	河南	河南省教育厅	4	10	6
7	四川	四川省教育厅	9	18	1
8	甘肃	甘肃教育	18	9	3
9	陕西	陕西省教育厅	15	2	11
10	贵州	贵州教育网	1	5	17
11	北京	首都教育	8	13	10
12	福建	福建教育微言	10	4	14
13	天津	天津教育	22	1	12
14	山东	山东教育发布	11	16	13
15	宁夏	宁夏教育厅	14	21	9
16	海南	海南省教育厅	13	14	20
17	江西	江西省教育厅	12	19	18
18	新疆	新疆教育	19	17	16
19	广西	八桂教育	21	23	15
20	青海	青海教育	24	12	21
21	云南	云南省教育厅微博	20	15	23
22	吉林	吉林教育	17	22	22
23	山西	山西教育在线	16	20	24

续　表

总排名	地　区	账　号	传者指标排名	信息指标排名	互动指标排名
24	湖北	湖北省教育厅	25	24	19
25	黑龙江	黑龙江教育微言	23	25	25

统计显示,浙江、湖南、广东的省级教育部门官方微信在建设和运营方面表现最好,整体得分较高。浙江在互动方面表现最好;湖南在传者指标和信息指标上表现优异,但在互动指标上表现较弱;广东在传者指标、信息指标、互动指标等三方面差异不大,相对较为均衡。

(三)微信分排行榜

1.传者指标排行榜

表10　各省(直辖市、自治区)教育主管部门微信传者指标排行榜

排　名	地　区	账　号
1	天津	天津教育
2	陕西	陕西省教育厅
3	湖南	湖南教育网
4	福建	福建教育微言
5	贵州	贵州教育网
6	广东	广东教育
7	江苏	江苏教育发布
8	浙江	教育之江
9	河南	河南省教育厅
10	甘肃	甘肃教育
11	上海	上海教育

续　表

排　名	地　区	账　号
12	北京	首都教育
13	青海	青海教育
14	海南	海南省教育厅
15	云南	云南省教育厅微博
16	山东	山东教育发布
17	新疆	新疆教育
18	四川	四川省教育厅
19	江西	江西省教育厅
20	山西	山西教育在线
21	宁夏	宁夏教育厅
22	吉林	吉林教育
23	广西	八桂教育
24	湖北	湖北省教育厅
25	黑龙江	黑龙江教育微言

本研究收集的25个账号中,除云南与黑龙江外,都进行了认证。其中湖南认证为"湖南教育网",新疆认证为"新疆教育管理信息中心",山西认证为"山西省教育宣传中心",吉林认证为"吉林省教育信息中心",其余均认证为该省教育厅。相比于政务微博,政务微信开通较晚,其中5个微信账号中直接链接到了官方微博,分别是:陕西、安徽、河南、上海和北京。

在考察传者指标排名时,不仅注重了权威性和易知性,还看重微信平台的栏目建设。栏目的数量和分类不仅关系读者获取信息的便利性,还关系互动的效果。统计显示,20个官方公众号有自己的板块设置,手机用户可以根据不同的需求在板块中选择自己想要的功能和信息。微信板块的利用体现了功能性和便捷性,在这 20 个设置了板块的账号中,有 15 个设置了查询与便民服务选项,极大满足受众的信息查询需求。

2. 信息指标排行榜

表 11　各省(直辖市、自治区)教育主管部门微信信息指标排行榜

排　名	地　区	账　号
1	贵州	贵州教育网
2	湖南	湖南教育网
3	江苏	江苏教育发布
4	河南	河南省教育厅
5	浙江	教育之江
6	上海	上海教育
7	广东	广东教育
8	北京	首都教育
9	四川	四川省教育厅
10	福建	福建教育微言
11	山东	山东教育发布
12	江西	江西省教育厅
13	海南	海南省教育厅
14	宁夏	宁夏教育厅
15	陕西	陕西省教育厅
16	山西	山西教育在线
17	吉林	吉林教育
18	甘肃	甘肃教育
19	新疆	新疆教育

排　名	地　区	账　号
20	云南	云南省教育厅微博
21	广西	八桂教育
22	天津	天津教育
23	黑龙江	黑龙江教育微言
24	青海	青海教育
25	湖北	湖北省教育厅

本研究的微信推送消息截止日期为 2015 年 11 月 30 日,对 25 个官方微信公众号进行统计后可以看出,2015 年推送消息数量可以分为四个梯队。贵州以 2 000 条位列第一位;湖南、江苏、河南、浙江、上海、广东、北京、四川、福建和山东推送消息数量在 500—1 500 之间,处于第二梯队;江西、海南、宁夏、陕西、山西、吉林、甘肃、新疆、云南、广西推送量在 50—300 之间,位列第三梯队;天津、黑龙江、青海、湖北推送数量不足 50,居于末位。

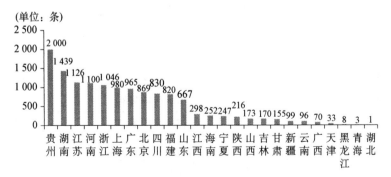

图 10　各省(直辖市、自治区)教育主管部门微信公众号 2015 年推送消息数量

从推送消息数量上可以看出各省(直辖市、自治区)教育部门使用新媒体的偏好。贵州微信推送数量位列第一名,但是2015年发送微博数量仅为25条,位于微博信息排行榜末位;天津以发布5100条微博居微博信息指标排行榜首位,但微信推送只有33条,在微信信息指标排行榜接近末位。

3. 互动指标排行榜

表12 各省(直辖市、自治区)教育主管部门微信互动指标排行榜

排 名	地 区	账 号
1	四川	四川省教育厅
2	浙江	教育之江
3	甘肃	甘肃教育
4	上海	上海教育
5	广东	广东教育
6	河南	河南省教育厅
7	湖南	湖南教育网
8	江苏	江苏教育发布
9	宁夏	宁夏教育厅
10	北京	首都教育
11	陕西	陕西省教育厅
12	天津	天津教育
13	山东	山东教育发布
14	福建	福建教育微言
15	广西	八桂教育
16	新疆	新疆教育
17	贵州	贵州教育网

续　表

排　名	地　区	账　号
18	江西	江西省教育厅
19	湖北	湖北省教育厅
20	海南	海南省教育厅
21	青海	青海教育
22	吉林	吉林教育
23	云南	云南省教育厅微博
24	山西	山西教育在线
25	黑龙江	黑龙江教育微言

四川和浙江在互动效果上表现突出。在考察互动指标排名时，因微信文章转发情况无法统计，评论需经发布者审核后显示，所以文章转发和评论并不作为本研究互动指标的考察内容，本研究主要考察推送的阅读量和点赞。

从阅读量统计情况来看，四川以单篇推送文章最多 58 164次阅读高居榜首，与其后的各省（直辖市、自治区）教育部门微信账号拉开了较大差距。值得一提的是，浙江和湖南两省官方微信公众号单篇推送文章最大阅读量超过 3 万次，但平均每篇推送的阅读量不足 2 000。由此可知，湖南与浙江受众群体大，有较大的发展空间。从点赞量统计情况看，仍旧是四川以最大点赞 942 居首位。无论是从点赞量还是阅读量来看，四川省教育厅微信公众号的建设都颇有成效。

五、建议与措施

2011 年以来，为响应国家政策号召，各省（直辖市、自治区）教育部门官方微博微信账号迅速出现，但是在这些官方账号中，

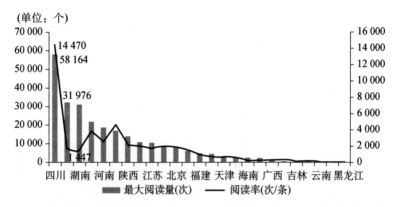

图 11 各省(直辖市、自治区)教育主管部门微信公众号推送阅读量统计

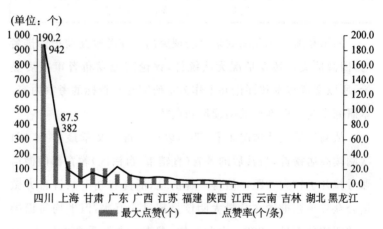

图 12 各省(直辖市、自治区)教育主管部门微信公众号推送点赞量统计

仍有一部分没有真正地发挥出其应有的作用,流于表面形式。这类账号的出现仅仅是昙花一现,如"@三晋教育"在 2015 年未发过一条微博,辽宁、西藏与安徽官方微信在 2015 年未推送过一条消息。也有些账号大量转载其他媒体已经发布的信息,只重视数量而忽视质量,与网民互动程度较低。同时,存在命名混乱、头像、简介不规范,不易辨认等问题。针对这些问题,建议如下:

（一）统一微博形象，明确身份定位，便于网民查找识别

如今各省（直辖市、自治区）教育厅微博中存在命名混乱、身份定位不清晰的问题。在命名方面，需要更加简单、直观、明了的名称，目前微博命名有"@XX教育""@XX省教育厅""@XX省教育厅微博""@XX省教育厅官方微博""@XX教育发布"等多种不同形式，山西省账号"@三晋教育"与浙江省账号"@教育之江"虽然有各自特点，但不利于网民辨认查找。在命名、头像等方面规范化，可以设置统一教育系统官微联盟成员命名方式及头像，从而提高账号的辨识度。同时，要对微博微信个人页面的简介功能充分加以利用，统一规范简介内容与页面设置。

同时强化维权意识，对于被占用的账号及ID采取维权措施。如微信公众号"内蒙古教育"以教育厅的名义注册，在简介中写道"内蒙古第一教育自媒体"，但认证为"内蒙古优培教育科技有限公司"，实际所发布内容多为推广其公司产品。教育厅是账号名称被盗用的受害者，"假账号"易误导网民，对官方形象产生负面影响，因此，相关管理团队需要重视维权，避免被"假账号"抹黑。

（二）做好舆论"安全阀"工作，妥善处理突发事件

在本研究抽取的样本中，各官方账号对舆论的回复与平息作用并不明显，大多账号仅仅停留在信息发布层面，未能做好互动与解决问题的工作。值得一提的是，"@甘肃教育"在回应与互动上表现突出，设有专门话题板块"♯微回应♯"来解决网民所反映的问题。

面对突发舆情，政府部门通常招架无力。若政府反应不及时，未能及时应对负面舆论、回应网民质疑，很容易陷入公信力危机。通常政府采取删帖的方式来处理舆论危机，公众无法从官方渠道得知事件真相,只能相信"小道消息",从而导致事件愈演愈烈,即使政府发表声明也无法力挽狂澜。如"南昌高考替考"事件中,虽然江西省教育厅第一时间召开新闻发布会,通报事件进展情况,"@江西省教育厅"也发布 3 条微博跟进事件处理进程,但转发量仅为 12 次、评论仅 23 条、点赞仅 9 个。从微博转发量、评论量、点赞量等三个指标来看,在此事件中官方舆论影响力不大。当地教育主管部门的虽然在第一时间参与,但是总体活跃度低、与广大网民互动少,并未形成话语权以左右网络舆情走势。

(三)完善运营维护团队,搭建专业微信微博平台

本研究所分析的样本中,部分账号维护团队专业水平不足,缺乏运营意识的问题,凸显加强政务微博的管理团队专业技能培训的重要性。在团队建设方面,官媒运营人员应熟知新闻舆论发展规律、熟练运用电脑网络技术、有深厚的文学功底、善于适应互联网语言风格,并对团队工作时间进行合理划分。政务微博运营不应采用政府的八小时工作制,双休日也应安排工作人员。要合理利用网民在线高峰的时间段发布信息,同时注意控制发布数量,避免内容过多湮没重要信息等问题。

大多政务微博语言僵化,仅为简单的政策公告,没有亲和力,并缺乏与网民的互动,微博评论数、转发数、点赞数都几乎为零。政务微博应以服务大众为宗旨,除发布教育部门重要政策和动态之外,也需要增加一些便民信息。同时发布信息所用的语言风格要符合网民的习惯,避免过多正式的书面用语,要善于使用网民易于接受的表达方式,适当使用网民习惯的网络语来抓住网民的眼球。在发布信息时,要注意采用多样化的表现形式,增强可读性,避免连续多条纯文字的推送信息。微博文字篇幅受 140 字限制,在表现形式上可采取多种类型,不单单只用文字概述,还可以加入图片、表情、音频、视频等引发网民的兴趣,从而达到良好的传播效果。还可以设置一些新栏目,以喜闻乐见的方式进行内容建设,通过粉丝的阅读习惯养成,提升粉丝忠诚度,使所要传达的信息更为清晰地送达更多用户。如在栏目文字前后加上"♯"形成某一固定话题,定时在此板块发布同一类型内容,持续吸引感兴趣的粉丝。例如"@天津教育"发布的消息分为"♯教育阅览室♯""♯招考专栏♯""♯津校津事♯""♯校园安全♯"等话题,可读性强,方便网民查找内容。

　　教育官微联盟是教育系统运用新媒体很好的尝试,政务微信、微博建设也可以依托第三方技术公司来扩展开发其功能,完善用户体验,为群众打造"一站式"便民服务平台,帮助群众实现"指尖问政"。

附　录

附录1　我国省(市、自治区)级教育部门新浪微博一览表

序号	省份	地区	新浪微博地址
1	天津	东部	http://weibo.com/u/3237977132? from = usercardnew
2	河南	中部	http://weibo.com/henaneducation? from = myfollow_group
3	上海	东部	http://weibo.com/shanghaijiaoyu? from = myfollow_group
4	陕西	西部	http://weibo.com/snedugov? from = myfollow_group

续 表

序号	省份	地区	新浪微博地址
5	北京	东部	http：//weibo. com/beijingshijiaowei? from = myfollow_group
6	江苏	东部	http：//weibo. com/u/3674007143? from = my-follow_group
7	四川	西部	http：//weibo. com/scjytwb? from = usercardnew
8	浙江	东部	http：//weibo. com/zjsjyt
9	湖南	中部	http：//weibo. com/hunanjiaoyuwang
10	吉林	中部	http：//weibo. com/u/3500609241? from = my-follow_group
11	安徽	中部	http：//weibo. com/ahsjyt? from = myfollow_group
12	甘肃	西部	http：//weibo. com/u/2155653790? from = my-follow_group
13	山东	东部	http：//weibo. com/u/2486759125? from = my-follow_group
14	辽宁	东部	http：//weibo. com/lnsjyt? from = myfollow_group
15	海南	东部	http：//weibo. com/u/5319007673
16	江西	中部	http：//weibo. com/u/5219335086
17	新疆	西部	http：//weibo. com/xjjyt? from = myfollow_group
18	黑龙江	中部	http：//weibo. com/hljjyt? from = myfollow_group

续　表

序号	省份	地区	新浪微博地址
19	贵州	西部	http：//weibo. com/u/3209843317? from = my-follow_group
20	云南	西部	http：//weibo. com/u/2579235543
21	广西	西部	http：//weibo. com/u/5658545964
22	青海	西部	http：//weibo. com/u/5348294121? firstfeed = 1&stat_date = 201412&page = 1♯feedtop
23	山西	中部	http：//weibo. com/u/3987970219? from = my-follow_group
24	宁夏	西部	http： //weibo. com/u/3293499702? is ＿ all = 1&stat_date = 201502♯feedtop

附录2　我国省(市、自治区)级教育厅微信账号一览表

序号	省份	账　号	微信 ID
1	内蒙古	内蒙古教育	nmg_edu
2	四川	四川省教育厅	scsjyt
3	江苏	江苏教育发布	jssjyt
4	广东	广东教育	gdsjyt
5	浙江	教育之江	jzsjytwx
6	河南	河南省教育厅	henaneducation
7	上海	上海教育	SHMEC － xwb
8	北京	首都教育	bjedunews

续 表

序号	省份	账 号	微信 ID
9	陕西	陕西省教育厅	snedu_gov
10	青海	青海教育	qhedu_onlin
11	山东	山东教育发布	sdjyfb
12	吉林	吉林教育	JL_edu
13	宁夏	宁夏教育厅	ningxiajyt
14	山西	山西教育在线	sxjyonline
15	新疆	新疆教育	xj_jymh
16	甘肃	甘肃教育	gansujiaoyu
17	湖北	湖北省教育厅	无
18	河北	河北教育	无
19	辽宁	辽宁教育	无
20	广西	八桂教育	baguijiaoyu
21	贵州	贵州教育网	gzsedu
22	福建	福建教育微言	fjeduwy
23	江西	江西省教育厅	jxsjyt2015
24	海南	海南省教育厅	无
25	安徽	安徽省教育厅	anhuishengjiaoyuting
26	云南	云南省教育厅微博	yunnanshengjiaoyutin
27	黑龙江	黑龙江教育微言	无
28	湖南	湖南教育网	hunanjianyuwang
29	天津	天津教育	jiaoyutianjin

三、典型案例

公共舆论中"同情感"的生成与消解

——"最悲伤作文"事件舆情分析

一、前言

在转型期,作为个体的人在市场上加速流动,传统关系网络逐渐衰落,又缺乏发达的公共空间,形成了当今中国社会的个体化和原子化趋势。中国历来是一个重视人情和情感的社会,情感是人与人之间产生联系的重要纽带,公众需要情感的支持。在公共情感匮乏的时代背景下,新闻媒体成为人们获取情感共鸣的重要途径,也倾向于在报道中借助情感话题来吸引读者和观众的眼球。

使用"情感策略"是当代中国媒体的重要特征。"悲情叙事"是这一特征的常见表现形式。"悲情叙事"在增加新闻关注点的同时,也吸引着观众的眼球,并引出众多热点话题,比如"最悲伤作文"事件。"最悲伤作文"是一篇题为《泪》的小学生作文,由四川凉山彝族自治州越西县的木苦依五木所写。作文用质朴的语言描绘了贫困山区孩子生活的艰难,字里行间透露出种种辛酸与不幸。对此,媒体纷纷围绕"最悲伤作文"展开报道,迅速吸引了网民关注,并激起热烈讨论。

舆情起因是范敏达在新华网上发表的题为《【泪!】这一定是世界上最悲伤的小学作文……》的报道。该报道次日被人民网、光明网等网站转载;又长时间排在微博热搜榜前十位;央视《新闻1+1》栏目也对其作了专题报道。就在舆情即将平息之时,网上传出小女孩所在的爱心小学将被拆除的消息,一时间又引来了舆论的关注。此舆情事件一波三折,令人不禁发问:这一"悲情故事"为什么会引起舆论广泛关注? 这一事件在舆情场中展现了怎样的特点? 在长达一个月的舆论热议中,网民的情绪又发生了什么样的变化?

二、舆情波动历程

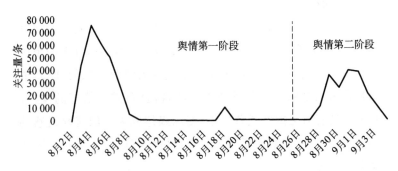

图 1　"最悲伤作文"事件全过程关注度走势图

数据来源:上海开放大学信息安全与社会管理创新实验室统计数据库

(一) 舆情第一阶段:《泪》的感动与质疑

1. 舆情初现:悲情遭遇惹人怜

"最悲伤作文"最早出现在"@老邪哥哥"7 月 11 日的微博中,这条微博仅在其个人微博圈和公益圈中传播。8 月 2 日,"新华网山西"刊登题为《【泪!】这一定是世界上最悲伤的小学作文……》[①]一文,文中称"爸爸四年前就死了……妈妈病了,去镇上,去西昌,病也没好……饭好了,去叫妈妈,妈妈已经死了……课本上说,有个地方有个日月潭,那就是女儿想念母亲留下的泪

---

① 范敏达,【泪!】这一定是世界上最悲伤的小学作文……采集日期:2015 年 9 月 25 日。
　　http://www.sx.xinhuanet.com/sxbwzg/20150802/2498148_c.html

水。"次日,这篇文章被人民网、光明网等众多网站转载,因其话语朴实,句句戳中网民的泪点,受到社会广泛关注并成为舆情事件。

面对这一悲情故事,有网民迅速做出反应,希望对木苦依五木进行救助。网民"@起司//"说,"我想赠送点美术材料给木苦依伍木,不知道怎么寄。"网络媒体迅速抓住了网民这一动态,纷纷展开募捐行动,如新浪四川于8月4日发起以"帮帮大凉山的孩子们"为主题的募捐,该公益项目目标捐款为5万元,两天时间就获得了47万爱心捐款,目标完成率为943%。①

此时,媒体报道集中于反映大凉山的贫穷状况,将网民从对彝族小女孩悲惨经历的同情中拉到对大凉山区长期贫困的思考。《新京报》刊文《用什么驱散"最悲伤作文"的悲伤》②指出,先失怙,又丧母,何其残酷?我们对其遭遇抱以同情,但也应意识到,这不仅仅是个体之殇:其悲惨命运背后,是大凉山地区的普遍贫穷。新华网发表题为《拿什么消除"最悲伤作文"背后的贫穷之根?》③的报道,认为"'最悲伤作文'呈现出的是大凉山普遍贫穷最冰冷的剖面。"

2. 舆情高涨:央视新闻揭真相

8月5日,央视《新闻1+1》栏目对"最悲伤作文"事件进行报道,其中公布了中共凉山州委宣传部发来的《关于凉山小女孩写"世界上最悲伤作文"情况的调查报告》。报告称,《泪》的产生过程是:木苦依五木在课堂上写了篇作文,然后支教的任老师

---

① 观察者网,世界上最悲伤作文第二页:慈善在让凉山饮鸩止渴,采集日期:2015年9月25日。http://www.guancha.cn/society/2015_08_06_329657_s.shtml

② 新京报,用什么驱散"最悲伤作文"的悲伤,采集日期:2015年9月25日。http://epaper.bjnews.com.cn/html/2015-08/05/content_591485.htm?div=-1

③ 新华网,拿什么消除"最悲伤作文"背后的贫穷之根?采集日期:2015年9月25日。http://news.xinhuanet.com/politics/2015-08/08/c_128100952.htm

看到后改写成了网上流传的版本,然后又让木苦依五木照着手稿原文誊写了一遍。报告还提到,从去年开始,当地政府就将木苦依五木家的 5 个兄弟姐妹纳入了专项基金保护中,对每个孤儿每个月都会发放 678 元的补助,一个月共有 3390 元。节目中,主持人接通了支教老师任中昌的电话。连线中,任老师表示班上彝族孩子汉语讲得还不错,但是写作文却一塌糊涂。作为语文老师,他有责任对作文中的错别字和标点符号进行修改,但所有的作文内容完全来自木苦依五木的亲身经历。

节目一经播出,便掀起了又一波舆情高峰,此时舆论焦点发生了变化,集中讨论的问题主要有两个:

一是最悲伤作文到底是不是枪手之作?一派网民认定作文存在"枪手之作"的嫌疑:"@柳卜生"留言说,"我怀疑这篇作文是枪手写的,水平极高,语言精炼,层次分明,看似朴实,实则逻辑缜密,直击人心。"另一派网民则觉得作文真假不重要,重要的是悲惨的个人境遇和社会问题:"@莞游视角"说,"这篇作文那么朴实简单,还有人质疑,你脑子太复杂了吧!就算是枪手又如何,至少现实中那些孩子过的不好是真的!……"

二是政府调拨了那么多扶贫款,凉山为什么还是那么穷?这个问题的讨论并没有产生明显的意见分化,网友基于凉山已经得到了大量政府转移支付以及社会力量的帮助却仍然贫困的现实,对凉山贫困现象进行反思。"@海苔味的大海"认为,"凉山地区不仅汇集了几百家 NGO 组织,政府给凉山的基础资助更是够他们白吃白喝几代人的。……他们的钱都拿去买毒品,几乎每家人都吸毒不工作,……"

3. 舆情回落:深度报道无人看

经过四天的热议,8 月 7 日关于"最悲伤作文"的舆情开始回落。在随后十天中,新闻报道量和自媒体讨论量都逐渐减少。

部分媒体对该事件做了深度追踪报道。华西都市报记者对"最悲伤作文"作者木苦依五木的家庭情况做了报道,并了解到越西县教育局、民政局、移民扶贫办等部门将采取多种渠道加大对木苦依五木一家的帮扶力度。在相关部门的努力下,大姐将进入越西县职业技术学院进行学习,学费全免,每月还有 300 元补助;最小的木苦小杰将进入普雄镇上的幼儿园,每天有校车负责接送。①

部分媒体对爱心捐款的去向进行了报道。中国新闻网的记者了解到,由新浪四川站发起的捐款活动被中国妇女发展基金会所认领。基金会相关负责人表示,截至 8 月 18 日新浪微公益平台发起的捐款活动共募集善款 484 484 元,并已初步确定与儿童希望救助基金会合作。爱心款将用于木苦依五木及兄弟姐妹的教育、医疗等方面,分十五年支付完毕。② 至此,"最悲伤作文"舆情事件第一阶段宣告结束。

(二)舆情第二阶段:悲伤延续——爱心小学被拆

1. 舆情再起:政府强拆惹争议

在索玛基金会理事长黄红斌 7 月 11 日发现了木苦依五木的作文后,了解到她们姐弟三人已独立生活了至少两年。为了让木苦依五木和弟弟们得到专门的照顾,以便专心学习文化知识,7 月 19 日索玛花基金会将两个弟弟接到了位于凉山州西昌市索玛花爱心学校,随后也将木苦依五木接了过来。所有的不幸似乎都在朝着积极的方向发展。但 8 月 28 日 17 时,新浪《新闻极客》发布一条消息:今年 8 月初因"最悲伤作文"而被网民

---

① 华西都市报,凉山最悲伤作文发现四个版本,但课堂习作不见了,采集日期:2015 年 9 月 25 日。http://wccdaily.scol.com.cn/shtml/hxdsb/20150820/299014.shtml
② 中国新闻网,最悲伤作文两天网上募款超 40 万,善款使用惹争议,采集日期 2015 年 9 月 25 日。http://finance.chinanews.com/life/2015/08-19/7476143.shtml

关注的大凉山索玛花爱心小学将被强拆。文中写道,"当地文件称,拆除原因系索玛慈善基金会非法买卖土地、违法违规修建房屋。"①原本已近消逝的"最悲伤作文"事件又重新回到了大众的视野中。

新闻曝光后,《北京青年报》以《凉山支教教师突遇'持证'考验"》②为题刊载深度报道,称当地政府将限制该基金会的支教老师继续在大凉山支教。随后人民网、凤凰网、新华网等主流媒体接连介入或转载,网民们也陆续加入了讨论,舆情迅速升温。一时间,政府"任性拆迁""乱作为""怕揭短"等观点成为舆论的主要声浪。

2. 舆情次高峰:一个合法不合理的决定

8月30日下午,西昌市政府新闻办召开新闻发布会,对网上引发热议的"索玛花爱心小学将被拆除"事件向媒体通报相关情况。发布会上,西昌市政府发言人介绍了拆除索玛花爱心小学的五条理由:无办学资质、涉嫌违法买卖和占用国有林地、涉嫌违法建设、涉嫌非法办学、存在地质灾害安全隐患;教育局发言人称,目前已对该校学生进行了分流就读,适龄儿童将全部入学。发布会的重点在于澄清两个事实,一是索玛花小学依法应被拆除;二是学生不会因此而无学可上。

9月1日,"最悲伤作文"学校负责人被拘传的消息曝出之后,迅速成为舆论焦点。与此同时,索玛花爱心小学的"身世"也被网友扒出。该小学位于四合乡永定村火普组,是用爱心网民捐款建立的。这所名为"索玛花爱心小学"的办学

---

① 人民网,"最悲伤作文"小学将被拆引热议,2015年9月7日。http://cq.people.com.cn/n/2015/0907/c365424-26266898.html
② 北京青年报,"最悲伤作文"诞生地凉山支教老师突遇持证考验,采集日期:2015年9月25日。http://epaper.ynet.com/html/2015-08/29/node_1339.htm

点刚刚完成改扩建工作,新教室和新宿舍将立即投入使用。

对此,媒体间存在相异的态度:《新华网》发文《"最悲伤作文"不应继续悲伤》①,认为"志愿者扮演着'替补'的角色,屡屡补位……而目的的正义总要通过程序合法合规来实现,在大凉山区建设爱心学校,需先申请办学资质,这在当今法治社会已经是无可争议的常识。"也有媒体认为西昌市政府的做法虽然合法,却并不合理,伤了整个社会的心,无益于当地的教育发展和扶贫工作。《千龙网》发文表示,"既然从 2011 年起黄红斌及索玛慈善基金会就存在非法购地、未批先建、非法占地等一系列违法行为,那么,为何在这么长时间内,当地林业、教育、住建等部门'多次执法'却未能有效制止,而在校舍工程基本竣工后却又突然拿出魄力,将'违建'一拆了之?"②

3. 舆情消退:释放校长平众怒

9 月 2 日中午,中国新闻网发消息称,被拘传的办学负责人已于 1 日晚间获释。3 日,舆情热度大幅降低,之后便归于平静。纵观此次事件,当地政府虽然依法拆除存在涉嫌违法建设、非法办学的学校,但从舆论反应来看,政府却成为了被批评和质疑的焦点,如何合理执法、如何面对社会公益,都是当地政府需要思考的问题。长远来看,如何尽快破除儿童失学、扶贫不力的困境,如何修复舆论争议中留下的负面形象,已经成为当地政府部门不可回避的难题。

---

① 新华网,"最悲伤作文"不应继续悲伤,采集日期 2015 年 9 月 25 日。http://news.xin-huanet.com/comments/2015-09/08/c_1116501059.html

② 人民网,教育舆情一周综述:"最悲伤作文"小学将被强拆引热议,采集日期:2015 年 9 月 25 日。http://qh.people.cn/n/2015/0907/c182755-26270096.html

三、网民话题分析

本次舆情事件历时较长,而且舆情的第一阶段和第二阶段中网民所关注的重点发生了多次转变。在分析网民的观点和态度时,本研究选取时间维度,将舆论观点加以区分。其中,第一阶段网民观点的收录时间点为8月2日到8月26日,第二阶段网民观点的收录时间为8月26日到9月4日。

(一)舆情第一阶段网民态度和观点分析

1. 焦点一:对悲惨的个人境遇深感同情

"爸爸四年前就死了……妈妈病了,去镇上,去西昌,病也没好……饭好了,去叫妈妈,妈妈已经死了……课本上说,有个地方有个日月潭,那就是女儿想念母亲留下的泪水。"这篇名为《泪》的大凉山小学生作文在几天之内传遍网络,字里行间,流露出的种种辛酸与不幸遭遇,让无数网民为之动容,正如"@赛东施"评论的那样,"用心写出来的文字,真的是催人泪下,令人心碎!"最朴实的文字却最能打动人心,这篇寥寥三百余字的"最悲伤作文",诉说了这个彝族小女孩的悲惨命运。令人震撼的大凉山贫困景象,配上这么凄惨的故事,给生活在城市中的人们带来了一种精神上的感动,网民"@秦晶同学"评论道,"看完这篇作文,真的有说不出的心酸,有多少人能承受住这种失去亲人的痛。孩子真是让人心疼。不过我相信这个世界还是好人多,你虽然失去了你的小家庭,但是你拥有了社会这个大家庭,我们都会帮助你。"

2. 焦点二:是真还是假?对作文真实性的质疑

舆情爆发伊始,就有网民对《泪》的真实性表示了质疑。网民所质疑的是,作文行文流畅,没有错别字,存在"枪手"代写的嫌疑。这种质疑在央视新闻播出从凉山州发来的调查报告之后达到了顶峰。面对网民的质疑,木苦依五木的班主任任中昌虽然在新闻中表示自己只修改了行文格式和错别字,并没有涉及作文内容。但现实是越西县有关部门工作人员所取得的《泪》,内容与木苦衣五木所写的完全一样,字迹却存在差别,而且还有多处改动。在后来的记者调查中,先后出现了四个不同版本的《泪》,课堂上的原稿却已丢失。任老师的说法并不能说服所有网民。与此同时,有消息称索玛慈善基金会两年前曾因捐款账目不清而遭到质疑,后来又重新注册成非公募基金,现在的索玛基金会并不具备在社会上公开求捐的资格。因此《泪》也被一些网民愤怒地定义为"煽情骗钱的假作文",一时间,是否存在基金会背后炒作"吸捐"的疑问在舆论场中传播开来。网民"@卢湾钱小米"直言,"大家千万不要往这个索玛基金会里捐款,这(指《泪》)就是他们用来敛财的工具!"

　　换一个角度来想,任老师所言"这里的孩子都以彝语为母语,因此让他们写一篇汉语作文自然存在很大困难"不无道理;木苦依五木的作文情真意切,记者调查结果也证明她所反映的家庭境况属实;作文写于语文课堂,老师有责任,也有义务给学生修改不符合语言规范的地方。基于以上事实,部分网民认为,质疑《泪》为"枪手代写"是不合理的。

　　部分网民跳出理性的考量,对"质疑论"提出了批评。木苦依五木父母早亡,家中 5 个兄妹都成了孤儿,无论如何他们都应该得到全社会的关爱。如果对作文进行无休无止地质疑,就有可能对木苦依五木造成二次伤害。家庭的不幸遭遇已然无法避免,网民的质疑可能给小女孩带来最深的心灵伤害,甚至影响终生。网民"@醉生梦死 2"认为,"最可怕的是大家忙于争论,却把小女孩孤苦悲凉的命运抛在脑后,甚至对如何扶贫救助也搁置不提。这种社会不信任现象不仅会让看问题的视点漂移,也是对苦难的一种漠视。"

3. 焦点三：谁该为贫困埋单？关于大凉山贫困根源的讨论

最悲伤作文《泪》一经报道便引发了网民热议,在被这个悲伤的故事所感动之后,网民们将讨论的话题延伸至贫困背后的原因。一些网民认为,贫困山区人民的悲苦境遇是由政府的不作为所造成,于是纷纷问责当地政府,认为政府应该投入更大的力量对贫困山区进行扶助,避免人间悲剧再次发生。"@紫色永恒郁金香"谈道,"为什么总是在媒体报道出以后才引起大家关注,那么多的职能部门应该提早行动啊"。网民"@aw2190061"则说,"政府的钱都弄到哪里去了？我们国家怎么还有这么贫穷的地方"。相较而言,有些网民则理性了很多。有人引用《环球时报》的材料来说明政府在扶贫减灾上尽职尽责。各级政府在2010 年到 2013 年间,在 10 个扶贫项目中就投入了 80 多亿人民币。根据凉山州教育局统计数据,州教育投入更年年增长,2011 年至 2013 年,分别达到 49.521 3 亿元、66.037 5 亿元、70.840 6 亿元。

从财政投入的数据上看,政府并不应该为大凉山的困局埋单。在网络上流传着一种说法或许可以解开这个谜题："国家级贫困县"——凉山,不仅拿到大笔政府资助,还可以获得多方慈善捐款,这就为贫困继续延续创造了一种有利的"温床",致使当地人习惯于领救济金,不愿外出打工。更严重的是,懒惰还滋生出吸毒贩毒、拐卖儿童等恶行。一些去过大凉山的网民现身说法,"@毛肚咸鱼"谈道,"我在西昌(凉山彝族自治州的州府所在地)待过四年,当地彝族人甚至连一点赚钱的欲望都没有……"。网民"@昵称不能为空"说起了同样见闻,"我前年去西昌爬山,看看当地人都坐在自家门外扎金花,都是五块钱起谁敢说凉山人民穷……"

了解到贫困背后的乱象,部分网民感慨道,凉山确实穷,穷可怕,但靠穷吃穷更可怕。NGO、基金会倾泻到凉山的同情心一定程度上助长了越扶越贫的窘境。假如当地人没有脱贫致富的志向,那么投入再多的钱,凉山的贫困现状也不会有改观。网民"@REME"认为,"慈善在凉山已经变成了一种'生意',让人们捐些小钱就可以带来心理满足和优越感。"

(二)舆情第二阶段网民态度和观点分析

1. 焦点一:"法""理"相比,谁更重要?

近年来,在"小政府　大社会"的改革策略下,政府在很多领域都放开了对社会组织的严格把控,一些志愿者组织在许多地区扮演着政府以外的"替补"角色,屡屡补位,让社会充满温暖。

在教育上,大凉山的孩子们也得到来自公益组织的帮助,他们在爱心学校接受教育,避免失学。但按照相关部门的说法,此次事件中的索玛花爱心小学涉嫌无办学资质、非法建设等五项问题,拆除学校有充分的法律依据,不容置疑。但很多网民认为,目的的正义需要通过合法手段来实现,在大凉山区做教育,建设爱心学校,需要依法申请办学手续。网民"@月岛媳妇"认为,"违法的慈善或许可以解决一时困难,但同时也会有更大的隐患。所以,做慈善必须以遵纪守法为前提。"

政府拆迁违规爱心小学的举措是依法行政,却让一些网民"寒了心"。爱心小学被强拆之后,必然要面临的问题是原本在此就读的学生可能无学可上。关闭违规爱心小学确实捍卫了法律,但如果没有循序渐进的教育方案,拆掉爱心小学也就等于关闭了接纳社会参与的那扇门。网民"@强强在上海"认为,"即便当地教育部门表示已安置该校学生分流就读,但并不令人完全放心。时至今日,依旧没有确切的消息来证实所有的孩子已经坐进了教室,捧起了书本。"

2. 焦点二：网民大猜想——西昌政府是否在"报复"

在合法和合理的讨论之外，对于西昌市政府为何在"最悲伤作文"事件发生后才做出将索玛花爱心小学拆除的讨论也是这一阶段舆论场中的焦点之一。

很多网民对政府强拆这一行为感到质疑和不满，这些情绪在 8 月 28 日传出"'最悲伤作文'小学将被强拆"的消息后迸发。对当地政府赶在"最悲伤作文"曝光之后强拆爱心小学的行为，舆论在第一时间给政府扣上了"掩耳盗铃""懒政遮羞"等帽子，尤其是当地分管教育的领导回应称，"最悲伤作文"对县里是"一个沉重的教训"等言论，更是坐实了网民们"讳疾忌医"的猜测。

类似"2011 年起就开始的违建行为，干嘛等了四年才一拆了之？""拆掉爱心学校，凉山州政府是否有能力做得更好呢？"等，无数网民用激烈的言辞质问当地政府。最流行的一种说法是因为(索玛)慈善基金会揭了政府的短，当地政府恼羞成怒，于是借机报复。当然，这种说辞只是网民在愤怒之下的一种臆想，但从中也可以看出，网民中普遍存在着对当地政府的不信任感。

网民的逻辑在于，政府不能只为了自己的"面子"，就将社会的热情拒于千里之外。地方政府应有足够的雅量去包容不同声音。如果地方官员只顾自身"脸面"，地方政府将有意无意地站到当地贫困儿童的对立面。网民"@蛮牛牛牛"认为，"政府想要通过拆除爱心小学来扑灭'最悲伤作文'的影响，无异于'掩耳盗铃'。"

四、"同情感"在舆论场中的生成与消解

(一)同情感的生成

《现代汉语大词典》把"同情"定义为：对于别人的遭遇在感情上发生共鸣，或对别人的行动表示理解。东、西方文化中，同

情都被认为是人类的一种本能。孟子说,"恻隐之心,人皆有之"。休谟认为,"怜悯是对他人痛苦的一种关切",即使是对陌生人,我们也会产生怜悯。

1. "同情"初形成:媒体齐发力,网民被感动

集体情感被视为一种聚集的社会现象,缤纷的个体情感经常被强有力的集体情感所吸引和湮没。"新华网山西"的文章《【泪!】这一定是世界上最悲伤的小学作文……》发表之后,人民网、央视网、中国新闻网、环球网等主流网媒也都对"最悲伤作文"进行了报道。面对网媒的集体刷屏,加上"女孩写世上最悲伤作文:饭做好了,妈妈死了""大凉山老师分享最悲伤小学作文　看完只剩心疼"这样惹眼的标题,众多网民都忍不住点开了网页,映入眼帘的是一篇感人至深的作文。网民往往带着自己的情感体验进入公共空间,读着"……妈妈病了,去镇上,病也没好……饭好了,去叫妈妈,妈妈已经死了……"这样朴实但悲伤的语句,迅速地激起了人们对那个充满悲惨遭遇的小女孩的"同情感"。看了新闻之后所产生的那份"恻隐之心"推动"最悲伤作文"成为网络舆论讨论的焦点,使其长时间排在微博热搜榜前十位。

2. "同情"的表达:"捐"与"怒"

网民们对小女孩的同情最先通过"爱心捐款"的方式表达出来。先失怙,后丧母,这样悲惨的个人经历吸引了数万网民的关注,感动之余,很多网民都乐意为小女孩贡献出自己的一份爱心,新浪四川第一时间发起了"帮帮大凉山的孩子们"的募捐项目。这个公益项目两天就获得了 47 万元爱心捐款,大大超过项目最初的 5 万元目标值。截至 8 月 18 日新浪微公益平台发起的捐款活动共募集善款 484 484 元,创下新浪四川微公益新记录。

　　网民对于"同情"的表达往往又与"怒"的情绪紧紧相连。"最悲伤作文"一经曝光，媒体对议题的升华将舆情引向一个更加宽广的公共论域，比如：《新华网》发文认为，"最悲伤作文"呈现的是大凉山普遍贫穷最冰冷的剖面；《人民网》刊文，"如何才能发挥制度化救济的作用，让'最悲伤作文'成为永远的过去时？这就是扶贫的问题了。"而网民在贫困问题上的反应却更加情绪化，直接将小女孩的悲情遭遇归因于政府扶贫不力。很多网民被舆论一时激起的怜悯和愤怒的集体情绪所感染：有网民认为，小女孩的悲苦境遇是由政府的不作为造成的，于是纷纷问责当地政府；也有网民愤怒地认为凉山的穷困中必然存在贪污官员侵吞扶贫款项的现象……诸多猜想充斥在互联网中。

　　3. "同情"的威力：微博问政"逼"真相

　　同情心激发了一系列对当地政府扶贫工作的质疑，这使得凉山州政府不得不"站出来"给人们一个"交待"。网民在舆论场中的大讨论更像是一场"微博问政"，倒逼当地政府出面调查事件的真相。面对突如其来的舆论危机，央视和凉山自治州政府迅速做出反应，央视于 8 月 5 日在《新闻 1＋1》中公布了地方政府的调查报告：虽然父母双亡，但小女孩生活中并没有太大的经济压力，她和她的四个兄弟姐妹每个人、每个月都可以得到来自政府 678 元的孤儿补助，爷爷奶奶也还有政府提供的养老金；另外，作文《泪》也并不是原稿，而是经过了支教老师任中昌的修改。"最悲伤作文"主人公的身世及《泪》的一些细节在新闻中得到了披露，事件报道越来越接近真相。

　　（二）同情感的消解

　　1. 因素一：媒体的"极限叙事"

　　为了吸引读者的眼球，媒体在描述一个新闻事件时经常要用到"极限叙事"的写作手法。"极限叙事"在形式上追求极致化的审美表达,使用一种极端的思维方式把握人物,叙述中灌注了作者极致的体验、超常的想象,呈现事物的某种极致状态。《泪》第一次出现在公众面前时,就被冠以了"最悲伤作文"的头衔。值得注意的是,新闻稿件在叙述中将小女孩人生经历中的"悲惨"元素推向极致,同时却有意无意地将地方政府对小女孩及其家庭成员的救助进行某种信息"遮蔽"。

信息爆炸的时代中,媒体常常以充满激情的话语来报道事件进展,并鲜明地亮出自己的立场。在表述方式上,媒体会使用一些非黑即白的标题和词汇来抓住网民的眼球。比如,网易新闻中所刊登的《"世界上最悲伤作文"系老师改写(图)》,直观来看,这篇文章将《泪》判定为枪手之作。而在《新闻 1 + 1》中,任中昌老师认为彝族小朋友们汉语讲得还是不错的,但写作文时却一塌糊涂。作为语文老师,他有义务对作文进行必要修改。这种"修改"在一些媒体中直接成为了"改写",具有了欺骗的性质。网民们则很容易受这种写作手法的影响,从而使"同情共同体"被瓦解。

2. 因素二:网民的易"分裂"性

网民由共享的"同情感"迅速凝聚到同一个舆论场中,也会因为事件新进展被马上发生分化,这种以情感为链接的公众社群往往是临时的、围绕议题而生的。从"最悲伤作文"舆情发展的第二阶段来看,媒体的立场起初是认为当地政府将爱心小学拆除的行为并不妥当,网民们快速集结成了一个对当地政府口诛笔伐的共同体。而当西昌市政府召开新闻发布会,将拆除索玛花爱心小学的 5 项依据和理由公布之后,网民声讨当地政府的"共同体"瞬间瓦解,分立成了"爱心行为应合法"和"政府强拆不合情"两大阵营。

"同情感"的不稳定还体现在网民情感的时间易逝性。网民对某一议题的"情感"难以持续很久,在"最悲伤作文"历时一个月的舆情历程中,其实只有8月3日到8月8日以及8月28日到9月4日处于舆情高涨期。在舆情第一波高潮回落后,华西都市报和中国新闻网对"最悲伤作文"事件进行了深度的报道,但这两篇报道却都未引起网民们的关注;舆情第二阶段中,虽然也有媒体和网民关注到了被拆爱心小学的孩子们将暂时没书可读,也有观点认为应该督促当地教育部门落实适龄儿童全部入学的承诺,但在9月4日之后,"最悲伤作文"事件便几乎无人问津,是否所有的孩子已经坐进了教室也无从得知。因此,舆论场中网民的"同情感"会随着事件的推进和时间的推移而消解。

3. 因素三:"悲情叙事"与过度消费

"同情感"在公共舆论中的消解与整体的社会环境相关。"悲情"作为一种情感消费品过多地出现在生活中,使越来越多的人产生了"同情疲劳"。"同情"作为媒体和公众进行公共实践的一种方式,塑造着网民的自我认同,但当下中国的媒体信息中存在着太多的悲情故事。最明显的就是,悲情故事疯狂地出现在文化娱乐节目中,真人秀和音乐选秀的选手经常在自我介绍中加入"悲情故事",大致的逻辑是:悲情故事可以让评委和观众在客观上会觉得世界很残酷,但主观上会感觉到选手有更强的精神力量,因而使悲情主人公获得更多的关注和支持。"同情疲劳"的表现就是,网民在面对他人悲惨境遇时采取一种质疑故事真实性的态度。当木苦依五木的悲惨遭遇出现在网络上时,很多网民都对作文的真实性提出了质疑,面对这篇"语言精炼,层次分明,看似朴实,实则逻辑缜密"的小学生作文,网民担心这是某个基金会一手打造的"煽情骗钱的假作文"。"悲情免疫"的情感状态是网民"同情感"在舆论场中消解的重要因素。

五、建议

（一）政府层面：掌控舆情走向　应对网络新挑战

作为社会管理者,政府在处理舆情事件时的行为会受到媒体和网民的重点关注。在"最悲伤作文"事件全过程中,凉山州政府、西昌市政府先后成为舆情转折的关键。当"最悲伤作文"开始走红网络时,一篇州政府的调查报告成为舆情转折的关键点,还原了事件真相并引出新的讨论话题。在第一波舆情渐渐平息的时候,西昌市政府的拆迁通知书又引来了诸多网民的批评,随后召开了新闻发布会,结果却仍是负面猜测和质疑。

因此,地方政府应该认识到,互联网现已成为思想文化信息的集散地和公共舆论的放大器,自身行为很容易成为舆情事件的转折因素,对事件的不恰当处理会使得政府公众形象大打折扣。在态度上,各级政府必须转变观念,克服"网络恐惧症"与"网络麻木症",充分认识到互联网对社会管理方式产生的深刻影响。在行为上,各级政府要有意识地加强网络建设与管理,完善舆情人才培养体系,提高应对网络舆情事件的能力,主动适应网络时代的新要求。

（二）媒体层面：尊重事实真相　"悲情消费"要适度

媒体是舆论场的重要参与者,"最悲伤作文"舆情爆发是媒体共同推动的结果。多家门户网站对"最悲伤作文"的关注迅速地引爆了舆论场;后来索玛花爱心小学将被拆的消息也最先从媒体中发出,发出当天便成为热点话题。但媒体对事实的不完全披露也会误导网民的判断,最初的报道中,记者忽视了当地政府为木苦衣五木全家做的帮扶工作,使得当地形象大打折扣;而且在稿件中还错误地把与作文没有任何关系的洛戈石达小朋友说成了木苦衣五木,这些都有违新闻工作"公正客观"的原则。媒体应该尊重事实的客观性,从事实出发对现象进行全面的报道,不应以偏概全和歪曲事实真相。

　　大众传媒主导的"情感"沟通是人们获得"共同体感"的主要渠道之一,媒体对现实"苦难"的报道可以形成一种社会性的"同情"。但是不加限制地去消费社会同情心也会造成"悲情免疫"等不良反应,使人们在真实的悲惨故事面前无动于衷。媒体在进行新闻报道的时候,不应对当事人的身份和所处阶层等因素进行选择性的、带有偏向性的报道,而应该努力还原事件的真相,真正扮演公共平台的角色。当然尊重真相并非排除情感,新闻报道是由具体的新闻人完成,因此不可避免地带有"情感"的色彩,但这种情感色彩不应是对某种社会情感的过度消费。

自媒体时代大学气质的消殒

——北大清华招生组微博"互掐"事件舆情分析

一、前言

在当下大学不断扩大招生的背景下,招生数量不再是各高校间具有比较意义的指标,因而优质生源顺理成章地成为了各高校招生比拼的重点。依据我国高校目前的录取制度,在集中录取阶段,高校只能对地方招考部门投档的学生进行录取,即便招收优质生源是大学办学的刚性需求,高校仍无法在招生录取阶段作出承诺。

近年来,各高校为了争夺优质生源,予以奖学金、专业任选等奖励方式层出不穷。同时,考生们拥有了更多的选择,港澳台以及海外的高校也都为优质生源提供了优惠奖励政策,国内高校面临着更紧迫的竞争,争抢生源现象越发普遍。北大清华招生组微博互掐事件,集中彰显了大学气质的转变以及其中自媒体的重要影响,大学从过去高高在上的"象牙塔"沦为争夺利益的"商家",甚至还在微博上展开骂战、互相揭露丑闻,这些行为又在微博等自媒体的作用下,被披露在公众面前。

本研究将对此次事件的舆情生命历程,以及其爆发和消隐的原因进行探究,对此次事件背后折射出的舆情观点进行分析,并提出相应的思考和讨论。

二、事件生命周期分析

2015 年 6 月 24 日，重庆晚报曝出清华北大两校在重庆进行提前招生的招生组就高考状元的归属发生了冲突，并产生口角，但是此事并未引起关注。而后两校招生组在微博上展开了令人大跌眼镜的骂战，互相揭露对方招生过程中的违规行为，引发了网民和媒体的广泛关注和热烈讨论。

本事件的网络舆情呈现出快热快消的特征，舆情瞬间爆发并达到高潮，随后迅速消减（如图 1 所示）。本研究将全面、清晰地分析该舆情发展中各个阶段的特征，以及不同身份发声主体的观点态度、表达方式，并对此次事件背后蕴含的实质问题进行思考与探讨。

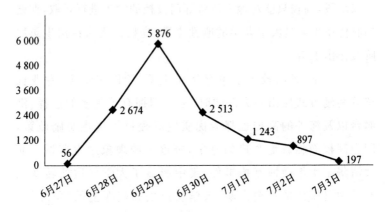

图 1　2015 年"北大清华微博互掐抢生源"事件相关信息数量走势①

（一）拉开帷幕：高校抢生现端倪

自重庆晚报 2015 年 6 月 24 日首发报道此事件起，到 6 月 28 日为止，这一时期为此舆情事件的形成时期。6 月 24 日，重

① 数据来源：上海开放大学信息安全与社会管理创新实验室统计数据库，采集日期：2015 年 9 月 22 日。

庆晚报报道"清华北大争抢重庆文科状元,北大派专车接人",虽然官方和其他媒体都没有跟进,但可视为舆情事件的开端。6月26日,《现代金报》和《新快报》都报道了两校因抢生源而发生争执的事件,"名校抢状元"事件开始引起媒体的关注。这一时期内,各方对于此次抢生源事件的报道数量较少,因为清华北大等名校在高考成绩公布前争夺优质生源在此前几年已成为两校的"保留节目",今年再次出现此类事件,也不足以引起舆论的大范围讨论,且官方对于这一阶段的报道均未予以回应,采取冷处理的方式。

(二)舆论爆炸:微博骂战引围观

6月28日,两校就此次招生事件中产生的冲突,在微博上展开骂战,"@北大四川招生组"抱怨,"某校招生组给文理科前十中选择北大的考生挨个电话,称北大欺骗他们";不曾想"@清华大学四川招生组"当即接话:"拿钱诱惑考生,不怕教坏小孩子吗?"北大又说:"过去五年你们砸钱买走唐某、郭某,需要我讲吗?"双方均互相指责,言辞激烈,引发了网民的热议和转载。随后6月28日上午,新浪网发文《北大清华四川招生组互指对方不正当抢生源》[①]。28日下午,清华、北大两校就此事作出了官方回应和相应的处理措施后,舆情事件热度不减,持续发酵,并在6月29日发展到顶峰。针对这一现象,教育部通过其官方微博"@微言教育"对此事件作出回应:"教育部历来高度重视维护高校招生工作秩序。对于近日媒体报道的个别高校以不当方式吸引高分考生报考的现象,教育部已要求相关高校遵守招生工作纪律,切实维护招生工作秩序。"此次事件正式进

---

① 新浪网《北大清华四川招生组互指对方不正当抢生源》,采集日期:2015年9月22日。http://news.sina.com.cn/c/2015-06-28/095632021591.shtml

入了高潮期。首先是自媒体为今年的抢生源事件的爆发提供了一个客观的平台;其次,招生工作人员的不理性,以及对网络媒体影响力的判断不足,致使双方在微博上互相攻讦,招致了无数网民的围观和转发,事件的影响力逐步扩大;而后,在微博的推动下,各媒体也纷纷跟进这一事件,并就此展开了评论和讨论,将事件舆情推向了高峰;此外,北大清华双方悠久的竞争历史和两校的高知名度,引发了广泛关注,并为舆情的发展推波助澜。

(三)热度回落:官方回应稳事态

6月30日起,舆情事件的热度逐渐回落。首先是这两所名校官方的回应有助于引导网民的舆论,安抚网民情绪,同时教育部的不点名批评也起到了一定转移注意力的作用。其次双方都将骂战归因于具体工作人员的一时冲动,并作出相应处理,转嫁了其管理的问题,话题逐渐开始转移并趋于多样化,诸如"不仅仅北大清华会这样","世界名校之间,有哪些世仇?"等等。截至7月2日,舆情进入尾声,华西都市报的报道《北大清华招生怪象:家长坐地起价要奖学金》、北京青年报《媒体称招生老师抢不到好学生,曾被扣奖金》的新闻成为舆情尾声的关注点,媒体与之配合,将针对两校互掐的报道转至提前招生等其他问题,以及国外名校争锋的历史等关联性报道上,转移了舆论的注意力,因此本次事件舆情得以较为成功的控制和回落。

三、参与主体分析

(一)媒体报道分析:追根溯源揭真相

2015年6月28日至7月1日,媒体关于"北大清华微博掐架抢生源"的新闻报道约5 320篇,主要媒体有:新浪网、新京报、京华时报、国际在线、今日早报、央视网等。通过对这些信息进行关键词提取、主题聚类分析,可知其倾向性,主要以事实报道为主,包括北大清华互指不正当抢生源、教育部对此的回应以及两校对此事的后续回应,而思辨性的报道内容较少。

媒体报道紧跟事件发展,以事实报道为主。6 月 28 日,媒体首先报道了北大清华招生组在微博上互相揭露对方招生中的违规行为,引发微博骂战。新浪新闻发文报道"@北大四川招生组"首先发布微博指责某校欺骗已报考北大的考生,"@清华大学四川招生组"对此进行转发并评论,指责北大以重金挖取报考清华的考生。① 随后北大清华校方均对此事件作出回应并给出相应处理方法。《京华时报》报道北大声称希望杜绝此类不文明行为,清华表示已重申相关纪律望做好招生工作。② 6 月 30 日,教育部官方微博"@微言教育"针对媒体报道的个别高校在招生中的不当行为作出回应,重申了高校招生工作秩序的重要性和相关规定。③

部分媒体发文讨论了本次事件折射出的背后问题,直指高校自主招生需求和现行高考录取制度之间的矛盾是导致此类违规抢生源事件发生的根源,此类报道主要集中在舆情发展的回落期。面对此次令人咋舌的抢生源大战,在对相关高校行为的失望和指责之余,应该冷静思考其背后的根源,现行的高考录取制度与大学自主招生需求之间的矛盾才是导致高校抢生源的根

---

① 新浪网《北大清华四川招生组互指对方不正当抢生源》,采集日期:2015 年 9 月 22 日。http://news.sina.com.cn/c/2015-06-28/095632021591.shtml? u = 1618051664
② 京华时报《清华北大回应抢生源事件　双方删除相关微博》,采集日期:2015 年 9 月 22 日。http://www.jinghua.cn
③ 新京报《教育部回应清华北大骂战:不得恶性抢生源》,采集日期:2015 年 9 月 22 日。http://www.bjnews.com.cn/news/2015/06/29/368773.html

源。① 现在各界都在呼吁放开大学自主招生权力来满足大学对生源的需求,但是招生录取制度不改,仅仅放开招生权力,此类招生抢生源乱象仍会层出频发,高等教育改革任重道远,需要各界上下求索。

少数媒体将关注点从当事双方拓展到整个高校招生领域,国际在线发文《北大清华招生互掐:斯文扫地之后的冷思考》揭露出高招过程中这一现象由来已久并且手段各异。② 高考招生抢生源,不仅仅是北大、清华在抢,全国各个高校都对于生源有需求都会有各自的竞争对手,这样的状况已经由来已久。每年招生季,各所高校为了争夺优质生源可谓招数颇多:为高分考生提供高额奖学金,许诺出国学习机会,专业任选等等。央视网在《新闻1+1:抢生源 不止清华和北大》节目中声称,此次北大清华微博互掐事件主要是因为两校知名度和声望颇高,微博掐架前所未有,过程跌宕起伏,因而吸引了全社会的关注。③ 虽然事件最后双方达成了和解,但背后折射出的高招乱象让人深思。如果高考招生制度和自主招生需求之间的冲突得不到解决,即便之后明面上不会曝出类似新闻,各高校之间对于生源的明争暗斗仍然难以杜绝,不如给各高校充分的招生自由,使其更公开公平地竞争。

媒体报道在舆情事件发展过程中起到了推波助澜的作用,成功地将这一事件的热度持续提升,吸引了大量的群众的关注。但媒体报道以事实呈现为主,对于事件的评论和讨论的相关报

---

① 国际在线《北大清华招生互掐:斯文扫地之后的冷思考》,采集日期:2015年9月22日。http://gb.cri.cn/42071/2015/06/30/2165s5014737.htm

② 央视网《新闻1+1:抢生源 不止清华和北大》,采集日期:2015年9月22日。http://tv.cntv.cn/video/C10586/4ac042e57ce04d3192588bf929ab0516

③ 今日早报《北大清华"招生大战"凸显高招乱象》,采集日期:2015年9月22日。http://jrzb.zjol.com.cn/html/2015-06/30/content_3089036.htm?div=-1?div=-1

道较少,且主要集中于收尾阶段。媒体对北大、清华微博骂战先是错愕,后是批评。名校不专注于发挥自己的资源优势培养学生,也不利用其教学研究质量吸引考生,反而用利益相诱,令人错愕。《现代金报》发文《北大清华"互撕"不过是自我贬值的见证》①指出双方在公众平台上掐架,名校形象全无,并且在争夺生源时无视规定和底线。这已经难以用尊重人才、重视人才来粉饰,招生已经沦为争夺江湖地位的意气用事和面子之争。贵为中国最有竞争力的两所高校,"已经把评价标准降低为拥有多少优质生源,这实际上是一种严重的本末倒置"。

(二) 网民话题分析:招生暗战引深思

自 2015 年 6 月 28 日起三天内,网民发表关于"北大清华微博掐架抢生源"的言论有 1.59 万条,主要平台为新浪微博。通过对这些信息进行关键词提取、主题聚类分析,可知其倾向性如下:

1. 教育产业化是主要原因

持这一观点的网民认为,分数至上、考试至上、教育的产业化等更具市场利益特性的理念是这次事件的根源,网民"@muchtofear"认为:"根源还是功利化的教育。"此次事件暴露出了原本学术至上的高校却急功近利,而考生们则依仗成绩待价而沽的这一社会病态的发展趋势。连最应该坚持信仰和道德的教育领域也被经济人理性和市场侵入,成了赤裸裸的交易。网民"@Better-live"表示:"教育行业本应是最需要讲道德的,现在居然也不讲道德了,还说是我国的最高学府。几年前的'复制大学',野鸡大学事件都说明了一个问题,乱象皆生于名利之

---

① 现代金报《北大清华"互撕"不过是自我贬值的见证》,采集日期:2015 年 9 月 22 日。http://dzb.jinbaonet.com/html/2015-06/29/content_285227.htm? div = -1

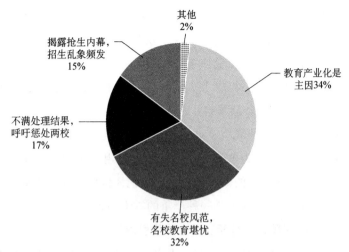

图 2 "北大清华网上掐架抢生源"网民话题分析图①

争。或许错不在他们,是社会病了,中国人病了,毕竟有需求才有生产嘛。"

从网民们的评论发言中不难看出,社会和民众对于高校的普遍预期是高洁的"象牙塔"形象,但是此次事件暴露出来的现象却表明了高校已经不再是高高在上、一尘不染的单纯进修学业的学堂,不再是信仰的殿堂、道德的标杆,反倒更像是市场中趋利的商户。同时,教育领域也被经济和市场侵入,失去了本该坚持的信仰和道德,网民不禁对中国的大学教育表示堪忧。

2. 有失名校风范,名校教育堪忧

这部分网民的观点是,两校争夺生源的行径显得很没有"吃相",两所高校是代表我国大学教育的最高院府,但此次事件中表现出来的却是种种不堪,网民纷纷对此表示很失望。新浪网民"@俊儒華源"表示:"学校好用得着去抢学生吗? 这只是说

---

① 数据来源:上海开放大学信息安全与社会管理创新实验室统计数据库,采集日期:2015 年 9 月 22 日。

明这些名校已经没落了。"

同时,网民认为清华北大作为我国最顶尖的两所院校,学校行为有失风范也暴露出其人才产出不力的情况。名校所获的教育资源与其科研教学的产出不成正比,考上名校这一获取学识、提升自我的手段,成为了莘莘学子的最终目的。考上名校似乎就意味着未来前景的一片光明,然而事实上却不是这样。网民"@我也话语"也说:"不努力提升软实力?提升国际影响力?好生源更需要高教育质量来培养!为什么剑桥哈佛不像你们这样丑态百出?连港大都不如了!令人揪心。"

这部分网民认为名校之间的竞争应该集中在教育质量、科研水平、人才培养上,而不是简单地搜罗状元,比拼谁的高考状元更多;注重对于学生的培养才是正道,而不应该将精力放在争抢生源之上。学校是教书育人的摇篮,也是科研创新的温床,这两者才应该是考核比拼高校之间实力的硬指标,而不是比拼谁的状元更多。目前大学招生和培养相脱节,状元人数和名师人数,都仅仅是大学办学政绩的考核指标。

中国最顶尖的两所大学,网上互骂斯文扫地,与其作为教育界"江湖大佬"和百年名校的风范大相径庭,反而像是市井之争。这样的行为难免引发舆论对当下国内大学教育的担忧,结合北大清华两校在世界大学排名上的疲软,这背后隐藏的问题的确值得反思。

3. 不满处理结果,呼吁惩处两校

持此类观点的网民大致都对教育部对于此次事件的回应不甚满意,认为仅仅是不点名批评和整改要求不足以令两校引以为戒,应该有更加直接严厉的惩罚措施。网民"@永远一辰"直言:"为何不公布对两校的处理结果,名校违规难道就可以包庇吗?"网民"@惊蛰訾议"也说:"空对空导弹,不作出具体惩罚是不会有效果的。"

2015年年初,教育部为应对历年来招生阶段出现的种种违规乱象,颁布了26条禁令,其中一条明确规定:不得在录取工作结束前以各种方式向考生违规承诺录取或以"签订预录取协议""新生高额奖学金""入校后重新选择专业"等方式恶性抢夺生源。如果清华北大招生组微博中的互相指责确有其事,那么两校显然都违背了该项禁令,教育部理应启动调查,追究两校违规招生的责任,而事实上对两校的惩处仅停留在不点名批评层面。

4. 揭露抢生内幕,招生乱象频发

此次事件的爆发也引起了大众对于高校抢生源现象的普遍关注,在错愕的同时,不少网民表示,高校抢生源现象屡见不鲜、无可厚非,并且在小学、中学以及其他高校间都是普遍存在的。网民"@平静"说:"抢生源现象有什么好大惊小怪的,现在连初高中都在抢所谓尖子生,大学想招好学生不也正常吗,没必要上纲上线耸人听闻。"

争夺高分考生本身无可厚非,但是"招生争夺战"应在教育部定下的"交战规则"下进行,北大清华两校在此次事件中则暴露出了明显的违规行为。首先,违规从教育考试院获取考生信息;其次,违规以高额奖学金利诱考生。大学抢生源,不用教育质量和服务吸引考生,而是用违规手段提供录取优惠,类似预录取、奖学金等伎俩利诱考生,这与国外考生收到各大学录取通知书后进行自主选择的模式,是完全不同的。

(三) 舆论不满情绪发酵,大学气质走向媚俗

舆论对于此次事件的直接反馈显示,清华、北大作为我国两所顶尖的大学,发生这样的"掐架"事件,不仅对其学校自身形象有着负面影响,同时也对高等教育整体形象造成了损害。清华北大两所顶尖名校在公众和学子心目中的高大形象破灭,舆论一片哗然,同时背后折射出整个教育行业的急功近利,使得公众对于我国整个教育行业都大失所望。此外,教育主管部门和招生工作人员的作为方式也不能令群众满意,有避重就轻、隔靴搔痒之嫌。此事件中暴露的招生乱象相同样值得关注和讨论,如只看分数不看人、家长坐地起价要奖学金等。

此次微博骂战也引发了人们对于现行教育体制和招生制度的反思,双方争执无非是为了其办学政绩和争夺教育资源,现行教育的功利化可见一斑。归根结底,两所学校对于优质生源的争夺本身是无可厚非的,令人诟病的是,这样的竞争不是建立在自身治学水平、科研能力、培养机制的优越性基础上,而是采取了缺乏远视的、急功近利的、类似于商贩吵架的方式,体现了大学在高校扩招的背景下走向了媚俗,而自媒体则是将此放大呈现在公众面前。

四、自媒体时代大学气质的消殒

(一) 自媒体为高校亲民化搭台

传统的新闻媒体将传播者与受众作出明确区分,两者是"自上而下"、"点对面"的传播关系,自媒体的出现改变了这种不对等的格局。自媒体打破了传播者和受众的严格区分,每个人都是传播者,"人人即媒体"。自媒体的出现使每个普通人摆脱了"传统受众"这一身份的局限,对于任何一件热点事件,每个人都能够参与其中讨论,经历事件传播的始末,而不再是被动接受的旁观者。每个用户都可以利用自媒体发表自己最真实的想法,以微博为例自己发微博或评论他人微博时都拥有极大的自由度。自媒体的门槛低易操作、交互强传播快、平民化个性化等特点使其逐渐占据了主流位置。

在高等教育大众化的趋势下,适逢自媒体的盛世,自媒体的及时互动、影响范围广等特性正好契合了高校走向大众宣传的需要。几乎每一所高校都有自己的微博公众号,此次事件中的两个主体,北京大学的新浪微博官方账号"@北京大学"截至目前已拥有 37 万的粉丝量,所发微博数量超过 11 000 条,清华大学的新浪微博官方账号"@清华大学"粉丝数更是高达 54 万人,迄今所发微博数量达 6 100 余条。可见在新媒体时代,一个官方的自媒体账号是高校进行宣传,彰显学校精神气质和影响力的必备条件。

以北京大学官方微博"@北京大学"为例,其官方简介上介绍旨在发布北大权威信息,展示北大校园生活,服务广大师生校友。有彰显其文化气质的微博如"♯晚安,北大♯:我遥望着天空,我属于天空,天空呵,你提醒着,那向我走来的世界——芒克《天空》",每天早晚各发布一条主题为"早安,北大晚安,北大"的微博,内容主要以富有内涵又积极向上的名人诗作为主,粗略统计每条被转发量在 100 左右,能很好的彰显北大的文化气质,又更显亲民。同时还有实时的新闻资讯如"♯北大新闻♯【王玲华荣获"中国青年女科学家奖"】第十二届"中国青年女科学家奖"在北京颁发,北京大学地球与空间科学学院研究员王玲华与其他 8 位女科学家,从 172 位候选人中脱颖而出,摘得这一奖项"。

除了校方的账号外,两校招生办也各自拥有其微博官方账号"@清小华"以及"@北京大学招生办",同时由于招生进行时,招生人员会下到各级省市,因此还有诸如"@北大四川招生组""@北大重庆招生组"等各省招生组的官方微博。这些招生组的微博账号能有效利用自媒体平台事实发布最新的招新信息,如"@北大四川招生组"为例,于 2015 年 6 月 22 日发布微博:"各位考生:北大四川招生组已到达成都、绵阳两个工作点,为您提供咨询服务。仍然都在老地方：成都京川宾馆和绵阳王子酒店。电话稍后公布,祝愿今晚大家都能查到好成绩!"实时提供了最新的招生信息,最快地将招生信息告知社会各界,以便在招生竞争中取得优势。

（二）自媒体使大学"媚俗化"原形毕露

自媒体是一柄双刃剑,不仅有助于大学走向亲民化,也将大学气质"媚俗化"曝光于众。自媒体由于其主观性随意性强,不需要任何的审核程序,用户可以在平台上最大限度地发表自己的观点,同时由于受众广影响范围大,一些细节或者不良的影响会在公众的大范围关注下被放大,导致未预期的后果。在此次事件中的两校招生组微博既享受到了自媒体为其带来的便利和优势,为其招生获得了便利,同时两校在微博上互相攻讦揭短,本是当地招生人员的意气之争,也被自媒体放大,将大学的"媚俗"化曝光在公众面前。"@北大四川招生组"官方微博抱怨,某校招生组给文理科前十选择北大的考生挨个电话,称北大欺骗他们;不曾想"@清华大学四川招生组"当即接话:"拿钱诱惑考生,不怕教坏小孩子吗?"北大又说:"过去五年你们砸钱买走唐某、郭某,需要我讲吗?"至此,双方招生组的不理智行为已经上升成为一个舆情热点,网民和媒体的讨论也不再局限于招生组行为的不当,而是逐渐深入到对名校形象、大学教育、招生制度的思考中。

大学的社会角色期待本应该是一片致力于学术科研远离浮躁的净土,即所谓的"象牙塔"。大学原本"腹有诗书气自华",是莘莘学子所向往的接受高等教育的理想殿堂。而我国大学行政级别的设置是参照政府部门的,大学在行政管理方面的集权倾向,使大学与政府衙门无异。行政管理权力在部分大学领导眼中的重要性甚至远超学术管理。在我国大学这一行政体制下,大学教授并没有过多权力,学术管理与行政管理杂糅,行政管理凌驾于学术管理之上,成为了我国大学管理中存在的弊病。这也就导致了在招生过程中,招生人员都是带着指标下到地方的,招到的优质考生数量成为招生人员考核绩效的一项指标,成为管理人员的"政绩"。

高校争夺优质生源本无可厚非,但这样公开"掐架"行为却是斯文扫地,造成这一局面的原因主要是高考招生制度与大学招生需求之间的矛盾。依据目前我国录取制度,在集中录取阶段,高校只能对地方招考部门投档的学生进行录取,即便招收优质生源是大学办学的刚性需求,高校仍无法在招生录取阶段作出承诺,学生能否被某大学、专业录取取决于投档情况,而报考学生并不是先拿到报考学校录取通知书再对学校进行选择,这样就使考生面临着风险,录取也存在着变数。

招收优质生源确实是大学办学的刚性需求,舆论大多指责大学的恶性竞争和错位的招生政绩观,但归根结底这不是大学理念的问题而是录取制度的问题。在现行录取制度下,分数成为评价考生优劣的唯一标准,社会舆论甚至将录取分数作为评价大学优劣的指标。舆论对分数的过分关注使大学无可避免地关注状元和高分考生。部分网民认为北大清华微博骂战抢生源一事颠覆了原有的形象,对于抢生源这一现象的认识停留在低层次学校招不到学生才会发生这一阶段,事实上北大、清华历年高考后都会争夺状元或者高分考生,这一现象由来已久,他们抢生源是为了标榜自己的江湖地位。归根结底,目前高校招生中存在的恶性竞争是大学自主招生需求与录取制度约束之间的冲突所致。由于学生没有充分的自主选择权,大学选择以录取分数来标榜其办学水平,却忽视了教学质量和人才培养。原本私底下的暗战却因为自媒体的缩放效应变得广而告之,加速了高校"媚俗"现象的暴露速度,重塑大学气质已迫在眉睫。

五、总结和反思:重塑大学气质

(一)合理利用自媒体

当高等教育进入人人可以消费的大众化时代,大学与社会对于教育的需求之间的联系必然是更加紧密的,大学也不可能永远只是超脱社会的高高在上的象牙塔,高校与学生之间的关系也不再是单向的,而是一个双向选择的过程,自媒体平台的兴起也满足了双方互动的需求。自媒体的合理利用能够有效帮助高校实现形象宣传、服务社会等功能,因此自媒体不应成为骂战的平台。高校应该对于自媒体官方账号的运营有相应的规范管理,避免自媒体的高度自主性随意性反噬,同时回到本次事件来看,高校也需要提高招生负责人员的自律意识,对其展开相关培训教育,并且作出相应的明文规定,约束其行为,规范招生宣传过程,利用自媒体为大学气质重塑助力。

(二)健全招生录取制度

我国现行用分数选拔学生的录取制度和国外录取方式大有不同,大学没有招生自主权,无法做到让高校选拔学生,同时又缺乏对考生除分数以外的评价体系。时至今日,考生仍面临着"一考定终生""高考改变命运"的压力,衡量高校成功与否的评价标准也简单量化成了录取分数的直接对比。大学自主招生的需求和现行高考录取制度之间的冲突是根源所在,要消除违规抢生源这一弊病,需要推动高考录取制度改革,健全高校自主招生制度,打破分数至上的评价体系,树立以综合素质为主要考量的遴选标准。

同时,行政力量应该逐渐放权于高校。政府掌握着校招选拔的权力,也掌握着学校评价的话语权。受制于行政指标下的政绩考核,大学难以获得相应的自主权,导致建立多元化的学生评价体系举步维艰。大学不得不"媚俗"地关注状元多寡、录取分数线高低这类表面政绩,忽视了教学科研和人才培养。

(三)重视高校品牌建设

高校应该重视其品牌建设,尤其是北大清华之类知名院校,作为国内院校的标杆,应以学术科研能力对自身进行包装。

其一,名校不应该以分数论英雄,不应该以优质生源的数量为追求的目标,要在教育水平、教育特色上下功夫。由于信息的不对称,大量高分考生填报志愿时常常犹豫不决。同时高校发展趋于同质化,为保证自身在生源争夺中的竞争力,高校沦落到采用违规手段"吸引"考生。如果各所高校拥有自己的办学特色,就有了核心竞争力,那么考生们就能找到与自己预期相符的学校,而各高校也能基于自身特点,更有针对性地选择生源。

其二,高校应致力于学术科研能力的提高,而不应将学术和教学用实用主义的思维量化为对于学校政绩、个人利益的精打细算。因而,学校对于招生的量化指标也是值得商榷的。学校给予分赴各省的招生人员规定指标的压力,而招生政绩所带来的社会声望等名与利又持续诱惑,社会舆论又往往助推这种状元情结、高分情结。在各种压力与利益下,想遵守规定坚守底线也就变得成空话了。

目前市场化的大环境充斥着各种诱惑,大学应该如何在适应时代的同时坚守底线,既助力经济和社会发展,又避免陷入市场化的漩涡?虽然大学对经济和社会发展起着重要作用,但这并不是大学主要目的所在,大学不能因此而成为"学店",若是高校摒弃了对自由精神、人文精神和批判精神这类大学精神气质的追求,高等教育的大众化就失去了依托的根本,高校也将沦为泛化的培训机构。"所谓大学者,非谓有大楼之谓也,有大师之谓也",大学的价值重在其精神上的"象牙塔",坚守大学气质是新媒体时代大学生存发展的不二法门。

魔高一尺　道高一丈

——南昌高考替考事件背后的高考法制建设之路

一、前言

  每年6月7日、8日，举国关注的"普通高等学校招生全国统一考试"（以下简称"高考"）都会准时进行。从未来专业教育、职业发展、技能培养等多个方面来看，高考的重要性不言而喻。每年夏天升起的"高考热"，显示了政府和社会对它的极度重视。万千学子寒窗苦读，希望在考试中取得好的成绩，这在当下"一考定终生"的升学模式中显得尤为必要，保证高考的公平公正就成为保证广大考生利益的关键。

  2015年6月7日上午10点左右，《南方都市报》发布文章，"重磅！南都记者卧底替考组织此刻正在南昌参加高考"[①]，舆论一时哗然。该文章最初发在微信朋友圈，短短两个小时，阅读量就超过了10万。新浪微博上，该报道引起了更大范围的社会讨论。一石激起千层浪，广大网民对这样一起有组织、有预谋的替考事件感到惊讶和气愤，并质疑：为什么在如此严格的高考中会出现这样恶劣的替考行为？

  当日下午1点左右，江西省教育厅、江西省教育考试院便召

[①] 新浪微博"@南方都市报"，重磅！南都记者卧底替考组织此刻正在南昌参加高考，采集日期：2015年10月31日。http://weibo.com/1644489953/ClqbVzdtA。

开新闻发布会,介绍了事件最新进展情况①,7日、8日二天国家教育部、江西省省委、江西省公安厅等部门初步通报了此次事件的调查情况。尽管在这一过程中教育主管部门及时回应,网民却纷纷表达不满,质疑为何高考作弊屡禁不止。本研究通过对"南昌高考替考事件"进行分析,再现事件发生过程,并对其中的舆情进行梳理,以期为高考作弊死循环寻找出路,最终营造出更加公平、公正的考试环境。

二、"南昌高考替考"事件舆情阶段分析

2015年6月7日,记者卧底替考组织并参加高考的新闻一经曝出,广大网民一方面为《南方都市报》记者卧底替考组织、揭露替考黑幕的行为点赞,另一方面也对各地连续出现高考作弊事件疑惑不已。例如网民"@樟脑夫人"质疑道:"号称高考是目前最公平的制度,还要拼爹,简直是在搞笑。"7月7日江西省教育厅通报了南昌高考替考事件的处理结果,42名相关责任人受到处理。然而网民"@山梗灵宇"对于处理结果表示"处罚结果太轻,简直就是在挠痒痒",网民"@涂腾江"从影响出发认为"这次南昌高考替考事件教训十分深刻,教育主管部门对此事应举一反三,以高考改革为切入点,深化我国目前教育体制改革。"7月24日《搜狐娱乐》发布"替考"记者吴雪峰接受《鲁豫有约》的访问,第一次公开报道替考记者的情况②,8月4日《法制日

---

① 江西教育网,关于6月7日高考替考事件调查进展情况的通报,采集日期:2015年10月1日。http://www.jxedu.gov.cn/zwgk/sygsgg/2015/06/20150810052508661.html

② 搜狐娱乐,《鲁豫有约》揭"替考"真相　听卧底记者亲自说,采集日期:2015年12月23日。http://yule.sohu.com/20150724/n417458913.shtml

报》又公布了对"替考"枪手的采访。① 相关的后续报道同样引起了网民的热议。例如网民"@绿草青茵"发表微博："该怎么评述呢,说到拮据我也是农村大学生,也具备成绩在学年测评中算是前列的条件,可是我从未、也不会走上这条非正常获取金钱的道路,因为这条路离家人的期待太远"②。

在南昌高考替考事件中,对为何频频出现高考作弊现象的发问始终占据网络舆论主流,然而网民的关注核心也有一个从质疑被替考学生身份及背后关系网,到要求加强替考立法,再到关注替考学生家庭情况的转变。根据整个事件发展的阶段性特征,本研究把该事件划分为三个阶段,根据整个网络上的舆论情况波动,阐述整个南昌高考替考事件的舆情走势。如下图：

图 1　2015 年"南昌高考作弊"事件发展进程

第一波舆情高峰是在 2015 年 6 月 7 日,《南方都市报》在微信朋友圈和新浪官方微博同步发布报道"重磅！南都记者卧底替考组织此刻正在南昌参加高考",引起网民热议。根据舆情监测结果,该文章当天在微信朋友圈阅读量超过 10 万,新浪官方微博上得到了 1 888 条评论、6 160 次转发和 1 535 个赞,网上大

① 网易新闻,南昌高考枪手：生活拮据替考挣钱　在校常吃泡面,采集日期：2015 年 12 月 23 日。http://news.163.com/15/0803/05/B02Q75RE00014AED.html
② 新浪微博"@绿草青茵",采集时间 2015 年 12 月 30 日。http://weibo.com/2950848435/Cu52YkXuw

V纷纷转发,微话题阅读量249.4万,随后三天相关微博总数达到69 632条。这一阶段网民一边倒地支持《南方都市报》记者的卧底揭露替考现象,对高考替考现象表达愤慨并希望政府部门能够严惩替考组织者。

第二波舆情高峰是2015年7月7日,江西省教育工委、省教育厅公布"6·7南昌高考替考舞弊案"的调查结果。公布称事件基本查清,处理相关责任人员共计42人。其中,6名替考组织者及中介人员由公安、检察机关立案查处;7名被替考考生和7名替考者,按教育部第33号令及相关规定进行处理;涉案的22名公职人员分别给予相关党纪、政纪处分。调查结果的公布使得南昌高考替考事件再次引起网民热议,随后三天关于该事件处理结果的相关微博总数到达44 161条。从《南方都市报》揭露南昌高考考场出现有组织替考现象,到江西省教育主管部门会同公安部门公布调查结果,可以说南昌高考替考事件高潮已经基本结束。然而对于江西省政府方面公布的事件细节和调查结果,广大网民似乎并不满意。舆论认为其积极态度值得肯定,但处罚力度和曝光力度都远远不够,及时出台相关的"考试法"才是重中之重。

第三波舆情高峰出现在2015年7月24日,《鲁豫有约"高考那些事"》节目邀请南昌高考卧底记者吴雪峰录制节目,在摄像机前给大家讲述卧底的"那些事"。新浪微博"@凤凰网"随后上传节目视频,新浪微博关于"南昌高考卧底记者"的搜索数量达12 856条。2015年8月3日《南方都市报》公布了"南昌高考替考事件"中的替考者之一敖辉(化名)的采访报道①。作为当

---

① 新浪微博"@南方都市报",寒门替考"枪手"表悔意 想找工作重新出发,采集日期:2015年12月1日。http://weibo.com/1644489953/Cu4K8xS63

事人之一的替考枪手现身,同样引起了网民的广泛关注,新浪微博关于"南昌高考替考枪手"的搜索数量达到 8 904 条。按照事件舆情的一般发展阶段,从初始到高潮再到结尾有明显的渐变过程。因此该事件的第三波舆情高峰要远远小于前两波,只在小部分网民当中产生影响。

第一波和第二波舆情高峰的焦点在于替考事件本身的情况以及事件处理结果,第三波舆情高峰的焦点则转变到关注事件中的行动者情况。在整个事件发展中存在着不同的矛盾和关注焦点,正是这些焦点的转变和矛盾的解决促使舆情逐步走向高峰。网民舆论从最初一边倒的谴责高考作弊事件和发泄不满,逐渐开始分化:一部分网民激烈讨论为何高考作弊现象年年发生;另一部分网民要求加强立法,将替考入刑;还有一小部分网民开始关注替考者的家庭背景,讨论是什么促使了大学生走向替考组织。整个事件的发展,不仅代表舆情的转变和分化,更凸显了网民理性思考的一面。

三、舆情发展过程中事件主体的分析

任何一个舆情热点事件的产生和变化都离不开事件主体的作用,因此把握主体自身、主体与主体间、主体与所在的场所之间互动是分析整个舆情事件走向的必要前提。本研究将从新闻媒体、政府机关、广大网民三个角度对舆情发展过程中的事件主体进行分析:

(一)新闻媒体:推波助澜

从时间段上看,新闻媒体的舆情参与情况如图 2 所示。第一波高峰起于 2015 年 6 月 7 日,由《南方都市报》引领,新浪头条新闻、新华网、央视新闻纷纷跟进。第二波高峰起于 2015 年 7 月 7 日,由人民网、新华网等报道江西省教工委、省教育厅关

图2　"南昌高考作弊"事件主参与媒体和时间节点

于"南昌高考替考舞弊案"处理结果所引发,众多媒体相继发表评论。央视网发布文章《南昌高考替考案为何节节失守?》[①]认为当地教育主管部门在考生高考资格审查方面存在重大漏洞。《现代快报》发布文章《南昌高考替考案的查处能服众吗?》[②]质疑如此大面积的替考舞弊案,为何只有三名公职人员被移送司法机关处理,南昌方面缺一个令人信服的解释。第三波高峰是2015年7月24日由《凤凰网》刊登邀请卧底记者吴雪峰视频引发,随后2015年8月3日《南方都市报》发布了对替考大学生敖辉(化名)的采访,加大了网民对作弊事件参与主体的讨论。不难发现,三次舆情高潮可分为两类,一类是由新闻媒体直接发起,另一类是由新闻媒体传播信息所推动。

(二)政府部门:浅尝辄止

作为教育监管和考试组织部门的南昌市政府、江西省教育厅和江西省政府,都拥有新浪官方微博。南昌市政府的官方微博"@南昌发布"[③]共有粉丝1 033 332人,共发布31 032条微博,其中南昌高考替考事件相关微博4条。江西省教育厅的官

① 央视网,南昌高考替考案为何节节失守? 采集日期:2015年12月21日。http://m. news.cntv.cn/2015/07/09/ARTI1436372732563562.shtml

② 网易新闻中心,南昌高考替考案的查处能服众吗? 采集日期:2016年12月21日。http://news.163.com/15/0708/02/ATVIBTU100014Q4P.html

③ 新浪微博"@南昌发布",采集日期:2016年1月14日。http://weibo.com/nan-changfabu? profile_fty

方微博"@江西教育厅"①共有粉丝 2 793 人，共发布微博 177 条，其中南昌高考替考事件相关微博 4 条。江西省政府的官方微博"@江西发布"②共有粉丝 666 156 人，共发布 12 313 条微博，其中南昌高考替考事件相关微博 11 条。

《南方都市报》在高考开考第一天上午 10 点左右即通过网络平台发布该报记者卧底替考组织并成功进入考场的相关报道。江西省教育厅于当日下午 1 点召开新闻发布会，通报事件进展情况，南昌市政府、江西省政府也通过官方微博发布了相关发布会消息，并在随后的两天连续更新微博介绍事件最新情况。第一波舆论高峰期间南昌市政府官微发布 3 条微博，共转发 79 次、评论 49 条、点赞 64 个；江西省教育厅官微发布微博 3 条，共转发 12 次、评论 23 条、点赞 9 个；江西省政府官微发布微博 9 条，共转发 59 次、评论 50 条、点赞 41 个。第二波舆论高峰期间南昌市政府官微发布微博 1 条，共转发 19 次、评论 5 条、点赞 14 个；江西省教育厅官微发布微博 1 条，共转发 14 次、评论 5 条、点赞 8 个；江西省政府官微发布微博 2 条，共转发 8 次、评论 5 条、点赞 4 个。

南昌市政府、江西省教育厅和江西省政府等教育主管部门尽管参与了舆情发展的第一波和第二波高峰，但是从微博转发量、评论量、点赞量等三个指标来看，官方舆论影响力不大。当地教育主管部门作为此次舆情热点的主要参与者虽然在第一时间参与，但是总体活跃度低、与广大网民互动少，并未形成话语权以左右网络舆情走势。尽管如此，江西省教育部门和政府机

① 新浪微博"@江西省教育厅"，采集日期：2016 年 1 月 14 日。http://weibo.com/u/5219335086? profile_ftype
② 新浪微博"@江西发布"，采集日期：2016 年 1 月 14 日。http://weibo.com/jxfbt? is_hot = 1

关作为信息的掌握者,依然对于舆情走势具有重要的影响作用。他们所揭露的任何相关信息都会直接或者间接引起网民的舆情讨论,比如南昌高考替考事件的新闻发布会成为第一波舆论高潮中网民讨论的重点,第二波舆论高潮更是由当地政府公布的处理结果所直接引起。对于政府的两次回应,网民的评论也具有显著差异:

第一次回应:在《南方都市报》公布有关记者卧底替考组织报道几个小时后,江西省教育考试院、江西省教育厅组织发布会,江西省教育考试院党委副书记曹正龙在会上通报:"南昌十中考场一名替考生李某某已被警方控制。经初步调查,李某某承认了替考行为。警方正在进行进一步的调查"①。对于此事件的曝出,总的来说江西省有关部门的反应还是比较迅速的。网民的关注焦点也集中替考事件本身,呼吁主管部门加大查处力度,维护教育公平。可以说对于教育部门的失职,网民在这一时期还没有给予较大的关注。

第二次回应:2015 年 7 月 7 日,时隔替考事件发生一个月,江西省教工委、省教育厅公布了对于"6·7 南昌高考替考舞弊案"的处理结果,处理各类人员共计 42 人,其中 6 名替考组织者及中介人员由公安、检查机关立案查处。随机抽取的新浪微博关于这一处理结果的讨论 200 条,其中 156 条认为处理结果太轻,占 78%;20 条认为处理结果严厉,占 10%;24 条不具有明显态度,占 12%。② 微博大 V"@杨东平"认为处理结果太温柔,不

---

① 新华网,江西省教育厅通报高考替考事件调查进展,采集日期:2015 年 12 月 20 日。http://news.xinhuanet.com/politics/2015-06/08/c_127889812.htm
② 数据来源:通过新浪微博搜索词条,对搜索结果进行抽样所得,采集日期:2015 年 12 月 20 日。

能真正做到以儆效尤。①《中国教育报》发表文章"南昌替考事件只是温柔一刀?"②,质疑江西省相关部门的处理结果"不解渴"。针对官方的第二次回应,网络舆论已经将焦点指向江西省教育主管部门。批评主要集中在:一是认为没有具体公布案情细节,二是没有深挖被替考生及其背后的社会关系,三是对于责任人的处理力度不够。

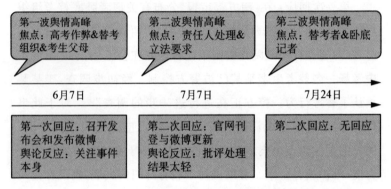

图3　2015年"南昌高考替考"事件中政府舆情参与情况及结果

　　与以往舆情事件中政府处于被动回应者角色的情况不同,在此次南昌高考替考事件中,江西省教育主管部门及时回应了第一波舆情高峰,其公布的处理结果更是直接引起了第二波舆情高峰。然而地方教育主管部门在舆情发生时的积极回应并没有能够成功主导舆情走势,甚至在一定程度上使舆情朝着反方向发展。本研究认为其原因有两个:

　　第一,回应虽有,互动全无。南昌高考替考事件曝出的当天下午,江西省教育主管部门就召开了记者发布会,试图向社会传

① 数据来源:新浪微博用户"@杨东平"2015年7月10的微博。

② 中国教育新闻网,南昌替考事件只是温柔一刀?,采集日期:2015年12月20日。http://www.jyb.cn/gk/gksd/201507/t20150710_629419.html

达最新信息,并表示会严肃认真地调查此事。江西省政府官方微博"@江西发布"在 7 日、8 日两天共发布相关微博 5 条,介绍事件进展情况。在南昌高考替考事件发生一个月后,江西省教工委、省教育厅又公布了关于对该事件责任人员的处理结果。总的来说,江西省教育主管部门的几次信息披露对网民了解事件的进展和结果都起到了重要的作用。但是这些回应都是单方面的,江西省教育主管部门并没有与网民进行任何具体的互动,对于官方微博下的网民评论没有给出任何的回复。近些年,面对网络舆情的迅速变化,政府部门也已积累相当多的处理经验,在问题的反应速度方面有了较大进步。政府机关把自身定位于"信息单方面供给者",把网民定位于"信息单方面接受者",很少试图与"接受者"产生直接的互动。现存的信息供给与接收的单向运动模式,造成了网民与政府机关之间的巨大隔膜,也阻碍了政府部门对于网民舆情的把握和引领。

第二,信息披露有所保留。南昌高考替考事件发生一个月后,江西省教育主管部门公布了对责任人的处理结果。网民对于处理结果颇有微词,一部分认为处理结果过轻,似乎有袒护之嫌;另一部分认为信息公开度太低,无法对案情有清晰的把握。对于网民最关心的替考组织是如何打通教育部门内部关系,涉事考生家长是否受到处理等信息,江西省教育主管部门并未具体给出。不得不说,江西省教育主管部门对于此次南昌高考替考事件的信息披露还是有所保留,而结果也遭到了广大网民的质疑。

(三)广大网民:摇旗呐喊

伴随着舆情高峰的不断转变,网民的主要关注焦点也不断变化。可以将三波高峰中的网民舆论观点范围分为三个不同的阶段:

1. 事件第一波舆情高峰期

2015 年 6 月 7 日《南方都市报》发布"重磅！南都记者卧底替考组织此刻正在南昌参加高考"的报道后,舆论一时哗然。一方面,网民纷纷对替考行为表示谴责,认为在高考这种凸显公平、公正的地方居然出现有组织替考舞弊现象,令广大考生和家长无法接受。另一方面,网民也将关注重点放在新闻报道上,即大多数网民认为《南方都市报》这种挖掘独家新闻的行为是有价值和值得赞扬的,但少数网民从新闻道德出发认为记者卧底替考组织并参加考试的行为违背社会道德和法律规定。总的来说,这一阶段的舆情焦点在于事件本身。如图 4 所示,63% 的网民赞扬《南方都市报》的报道;21% 的网民对替考行为感到愤怒;7% 的网民质疑记者卧底的合法性;5% 的网民批评高考考场审核制度;4% 的网民发表其他观点,例如描述自己参加高考时遇到的作弊行为[①]。

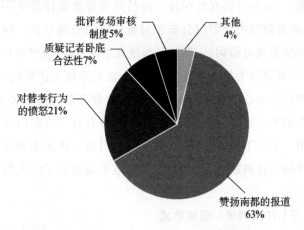

图 4 网民对于《南方都市报》发布替考报道的观点

---

① 数据来源:通过新浪微博搜索词条,对搜索结果进行抽样所得,采集日期:2015 年 12 月 20 日。

2. 事件舆情第二波高峰期

2015年7月7日新华网等刊登了江西省教工委、江西省教育厅关于"南昌高考替考舞弊案"处理结果。对于处理结果,随机抽取网上评论200条,其中16条表示对结果满意,占8%;156条对结果不满意,占78%;28条态度模糊,占14%。[①] 大多数网民对于江西教育主管部门的处罚结果并不买账,认为过于宽容。例如网民"@MF海风2013""感觉处理得太轻! 所谓雷声大雨点小!"又如网民"@北北小越"评论道"就这样就完了??对于算是全国最严肃的考试,涉及这种有组织的恶劣的作弊行为,替考者只禁考三年就完了?! 违法成本太低了吧! 至少要他们追刑责啊!"与第一波舆情相比,此时观点已经分化,网民开始思考为何高考作弊事件屡屡发生,以及用什么办法才能杜绝此类事件。

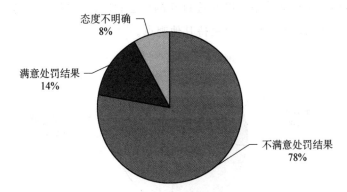

图5　网民对南昌高考替考事件处理结果的态度

[①] 数据来源:通过新浪微博搜索词条,对搜索结果进行抽样所得,采集日期:2015年12月21日。

3. 舆情第三波高峰时期

在此期间《鲁豫有约》邀请了卧底记者参加节目,《南方都市报》发布了对参加替考大学生家庭情况的相关报道。此时距离第一波高峰已过 1 个半月,南昌高考替考事件已经淡出绝大部分网民的视线。但是《凤凰网》和《南方都市报》对于事件参与者的关注还是引起了相当一部分网民的讨论,舆论焦点也随之转移到了对主体参与者本身的关注上。通过卧底记者讲述卧底替考组织期间发生的事情,网民大都持正面评价,较少质疑记者卧底的道德性与合法性。大部分网民表示替考大学生的道歉并不能弥补错误,学校开除其学籍也是正确的,但是网民还是希望给他们从新来过的机会,并考虑其家庭条件在对他做出替考处理决定中的影响。如图 6 所示,对于《南方都市报》关于替考大学生家庭情况的报道,37%的网民认为贫困不是犯罪的理由;26%的网民希望能给他一次改过自新的机会;19%的网民为替考大学生感到不值;8%的网民持其他观点。[①]

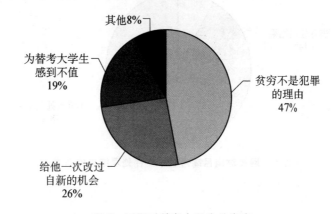

图 6   网民对替考大学生的态度

---

① 数据来源:通过新浪微博搜索词条,对搜索结果进行抽样所得,采集日期:2015 年 12 月 21 日。

四、叩问：为何魔高一尺，高考作弊陷入死循环

高考作为对考生未来发展影响较大的一次考试，受到广大考生、家长以及社会的关注，对于高考公平的问题因此也备受各方关心。当今社会个人发展选择不断增多，但是"一考定终生"的大趋势依然存在，高考作为普通家庭向上流动的通道，作用依然显著。高考具有改变学子命运，体现公平正义，促进社会交融的作用。[①] 高考考场出现的任何变故都会引起社会和政府的极大关注，这也是南昌高考替考事件成为 2015 年网络舆情热点问题的原因之一。"严肃考场"、"规范考试"等口号几乎年年都会强调，但是每年又会出现不同类型的作弊事件。一批又一批的相关责任人受到处理，然而这似乎并不能形成有效的惩戒效应，接下来一年的高考考场又会曝出各类作弊事件，形成了"反作弊口号年年喊，考试作弊却屡屡发生"的死循环怪圈。为了寻求高考作弊事件频繁发生的原因，找到破解此循环怪圈的途径，本研究将首先考察网民舆论情况，然后将结合网民观点进行分析。我们通过新浪微博随机抽取了 200 条相关微博讨论，具体情况如下：

如图 7 所示，认为高考作弊事件频发是因为权力黑箱干扰的共 44 条，占总体 23%；认为高考作弊事件频发是因为立法盲区让不法分子有机可乘的共 52 条，占总体 27%；认为高考作弊事件频发是因为考务人员不负责的共 22 条，占总体 12%；认为高考作弊事件频发是因为作弊手段组织化、隐藏化的共 42 条，占总体 22%；认为高考作弊事件频发是因为教育资源不均衡的共 30 条，占总体 16%。[②] 总的来说，网民对于高考作弊

[①] 林其天,略论我们高考制度历史作用、现行弊端及改革途径[J].东南学术,2010,(1).

[②] 数据来源：通过新浪微博搜索词条，对搜索结果进行抽样所得，采集日期：2015 年 12 月 21 日。

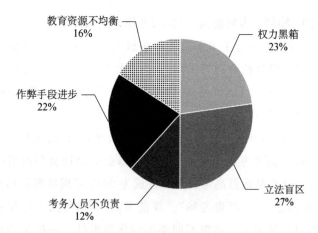

图 7　网民关于高考作弊事件频发原因的舆论

死循环有着较为清楚的认识,下面我们结合网民舆论将从动机、手段、区域等三个层面对高考作弊陷入死循坏的原因进行分析:

(一)动机层面:参与高考作弊利益链收益大而成本低

《人民日报》关于"南昌高考替考舞弊案"的文章中指出利益熏心的替考组织者、丧失职业底线的教师、为利驱使的枪手、以权合谋的官员,组成了游走在法律空白地带的"产业链"①。考生的高考作弊行为在现阶段主要靠教育部第 33 号令进行处罚,暂未触犯刑律。而对于替考事件中那些失职,甚至是参与其中的国家公务人员来说,现阶段主要依靠行政规章和党纪来处罚,"合理但明显过轻"。高考作弊利益链上的主体之所以敢屡屡触碰高考公正的红线,就在于这些人游走在法律空白区域而有恃无恐。替考者、替考组织者和教育部门内部人员为了巨大的金

---

① 人民网,让高考舞弊者无处藏身,采集日期 2015 年 1 月 8 日。http://opinion.people.com.cn/n/2015/0708/c1003-27270625.html

钱报酬成为高考作弊利益链中的卖家,被替考学生及其家长为了得到更好的考试成绩而成为高考作弊利益链中的买家,他们都是基于"理性选择"行事。巨大的收益是他们勾结成高考作弊利益链的必然条件,而法律缺位造成的违规低成本为高考作弊利益链的运作提供了可能条件。

(二)手段层面:"偷梁换柱"式手法

替考组织如何将替考学生身份信息输入进教育考试院,为何考生头像核对有偏差却还能顺利进入考场,考场技术安排为何节节失守?网民针对高考作弊手段升级问题发生进行了争辩,21%的网民认为作弊手段的不断进步,使得考场中的身份信息识别系统也不能辨认考生的假身份信息;11%的网民认为漏洞在于监考人员的监督缺乏,更有教育部门的"内鬼"帮助替考组织运作。自高考恢复以来,反作弊的技术手段不断进步,然而技术终究是掌握在人手中,人却是靠不住的,正如江西省教工委、教育厅对此事件的定性为"江西南昌'6·7'高考替考事件是一起由外省替考组织在网上招揽高校在校学生或已毕业学生,通过请托江西旅游商贸职业学院教师和社会中介人员,串通南昌市东湖区、青云谱区招考办及医院有关工作人员,弄虚作假,为外省籍考生在江西违规报名、体检,从而实施替考的有组织、有预谋的高考舞弊案件"[1]。可见教育相关主管部门和体检医院的内部人员受到替考组织的金钱诱惑,为替考组织人员提供便利,将假身份信息输入到考试院系统中,成功通过身份验证系统。经过如此一系列运作之后,考场监考人员和监考技术根本无法完全辨认替考学生信息的真假,替考组织"偷梁换柱"式的

---

[1] 江西新闻网,江西"6·7"高考替考事件42人被处理,采集日期2015年1月1日。
http://jiangxi.jxnews.com.cn/system/2015/07/07/014022456.shtml

作弊手法最终让考场技术安排失效。

(三)区域层面:教育资源匮乏的必然结果

如图 7 显示,有 16% 的网民认为教育资源的匮乏是高考作弊事件频发的主要原因,由于我国目前的经济社会发展水平所限,高校资源稀缺,考生获得进入顶尖大学学习的机会更为紧张。在那些考生数量众多,而又缺乏名牌高校的省份和地区,考生对于教育资源的争夺更加激烈,用"千军万马过独木桥"来形容也不为过。在江西等中西部省份,参加高考的考生众多,而考生进入"985"、"211"高校的名额又少。再加上中西部省份学生和家长教育理念落后、呆板,努力获得好的高考成绩被视为必然选择。① 那些平时努力的学生还可以选择参加高考,而平时不用心的学生为了取得高分动歪心思的几率更大。替考组织者在了解中西部省份考生和家长的心理状态后,提供"一条龙"的作弊组织服务,"买家"和"卖家"一拍即合,最终形成了严密的替考利益链条。

表 1 近几年高考替考作弊事件汇总

时 间	地点	事 件
2006 年	陕西	教师组织本校优秀学生替考
2007 年	河南	高中教师找人替校长、官员子女考试
2008 年	安徽	买通当地教育局招办主任、副主任参与其中
2008 年	甘肃	发现"移民 + 替考"双重现象
2012 年	河南	多地师生形成严密的替考网络
2014 年	陕西	监考老师发现替考现象,被替考生父亲为所长
2014 年	山东	警方卧底替考集团,提前打掉团伙

---

① 陈永锋.我国高考替考现象的原因及对策研究.速读旬刊,2015(09).

时　间	地　点	事　件
2014 年	河南	央视曝光买通考场监考老师,大规模替考舞弊
2015 年	江西	地跨湖北、江西、山东三省有组织替考

通过表 1 可知,从 2006 年到 2015 年近 10 年间曝光了 9 起高考作弊事件,其中河南省 3 起、陕西省 2 起、安徽省 1 起、山东省 1 起、江西省 1 起、甘肃省 1 起。我们可以发现这些替考作弊事件全部集中于中西部地区,其中河南省和陕西省一共发生了5 次之多,可见高考替考作弊事件的发生具有明显的区域特点,我们认为这与当地教育资源紧缺具有紧密关系。

五、反思:怎样道高一丈,区域盯防与法制健全并举

通过上文对过去十年高考替考事件发生地的梳理,本研究认为高考替考事件发生已经呈现出明显的区域特征,因此对高考考试作弊现象频发的区域进行重点盯防显得十分必要。此外,南昌高考替考事件的发生,已经反映出当下高考作弊手段和组织化程度已经达到了一个新的高度。一方面是替考手段和作弊技术不断进步,另一方面是组织产业化达到新的深度和广度,正如南昌高考替考事件即是一起地跨湖北、江西和山东三省的大规模、有组织替考案件。"魔高已经一尺,道高如何一丈?"已经成为广大网民以及社会最为关心的问题。本研究认为只有让组织替考者、替考考生、"寻租"公职人员、被替考考生皆承担起相应的法律责任,将替考问题的惩罚从社会道德层面上升到法律层面,才能真正斩断高考作弊、舞弊的黑手,让高考运行在法治的"阳光"下。本研究认为,实现道高一丈必须区域盯防与法制健全并举。

(一) 区域整治：透视中西部省份高考作弊痼疾

研究统计,过去10年发生的9起高考作弊事件全部发生在中西部地区,而东部地区却较少发生。本研究认为原因有两个,一是我国教育资源分布不均,中西部地区考生多高大学资源少;二是中西部地区教育观念相对于东部地区固化,学生对未来选择较单一。然而两者皆是由长期的历史原因、文化塑造和经济发展程度所造成,一时无法做出改变。比如短期内在中西部地区创建更多优秀大学,或者给考生创造大量择业机会都难以短期实现。

但针对目前高考作弊现象区域化的特征,对中西部地区采取重点盯防措施显得必不可少。首先,中西部地区家长和考生应该转变"只有参加高考成功才能改变命运"的传统观念,树立多元发展的理念。其次,当地教育部门应该加强考试监督机制,重点打击本部门内部人员的"钱权交易"行为,完善国家公务人员的廉洁自律省查。最后,通过江西南昌高考替考事件公布的案情来看,这是一起地跨江西、湖北和山东三省的有组织替考,如此跨地区且复杂的操作流程反映出中西部地区的作弊组织产业化现象已经发展到一定程度。有报道指出大量的考试辅导机构明面上是经营学生课程辅导工作,暗地里却从事替考工作。当地教育部门和公安机关要重拳出击,积极打击考试辅导机构的招生替考行为。

(二) 替考入刑：高考法制建设的里程碑

针对高考作弊现象,教育部门早已经采取了一系列硬件和软件的预防及处罚措施。硬件方面如针对通讯设备的信号屏蔽仪和电子检测器早已经大规模的在各个省份普及,指纹识别系统和身份信息识别系统也已经开始在少数省份使用。软件方面如老师的异地监考模式已渐趋成熟,而关于作弊处罚结果,教育部在 2004 年公布过《国家教育考试违规处理办法》（教育部第 18 号令），在 2012 年又公布了《国家教育考试违规处理办法》（教育部第 33 号令）。对组织替考者也根据其犯罪情节轻重，交由司法机关处理。

自 2015 年 11 月 1 起实行的刑法修正案（九）中，最新增加了多项罪名，其规定在国家考试中，请人代考或者自己给别人当"枪手"，对情节轻的处以拘役或管制；对组织他人替考的，最高可以判处 7 年有期徒刑。刑法修正案（九）将真正实现"替考入刑"，此后公安机关和教育部门打击考试作弊行为时将有更为充足的法律依据。该修正案将对打算利用考试作弊链条以谋取利益的不法之徒形成巨大的威慑作用，更是遏止当下较为猖獗的作弊现象提供法律依据。图 8 是网民对最新的"替考入刑"规定态度分析：

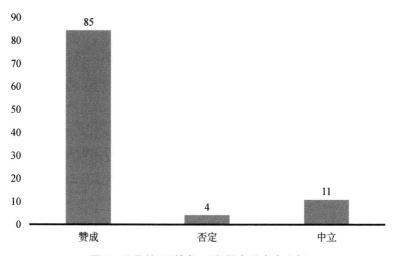

图 8　网民关于"替考入刑"规定的态度分析

通过抽样我们得到网民关于"替考入刑"规定态度的分析，

有85%的网民支持此规定,认为它能够有效地遏制高考作弊现象。而"替考入刑"规定只是漫长高考法制建设之路上的一小步,明确国家考试的概念范围、出台具体针对国家考试的"考试法"也应尽快纳入我国立法者的日程之中。实现教育公平任重而道远。

教育盲区：学校与家庭的缺位
——毕节留守儿童自杀事件舆情分析

一、前言

家庭是社会的细胞和缩影,社会政治、经济及文化的种种变革,都会对家庭生活及儿童的家庭教育产生深刻影响。近年来,留守儿童惨剧接连发生,家庭教育缺位日益引起社会关注。留守儿童的家庭教育问题到底该由谁负责? 政府在其中应该扮演什么样的角色? 家庭关怀缺失如何弥补? 解决留守儿童家庭教育缺失的问题任重而道远。

2015 年 6 月 10 日,贵州省毕节市七星关区政府网站发布《毕节市七星关区田坎乡 4 名儿童疑似农药中毒死亡》[①],随后,澎湃新闻对此进行报道[②],"@人民网"[③]"@头条新闻"[④]"@央视新闻"[⑤]等多家主流媒体的官方微博也纷纷跟进转发,网民评论

---

① 毕节市七星关区政府网,毕节市七星关区田坎乡 4 名儿童疑似农药中毒死亡,采集日期:2015 年 12 月 18 日。http://www.bjqixingguan.gov.cn/xwpd/qxgyw/29550.shtml
② 澎湃新闻,贵州 4 名留守儿童疑在家农药中毒身亡,父亲在外打工联系不上,采集日期:2015 年 12 月 18 日。http://www.thepaper.cn/newsDetail_forward_1340413
③ 新浪微博用户"@人民网"微博,采集日期:2015 年 12 月 18 日。http://weibo.com/2286908003/ClWj10wmQ
④ 新浪微博用户"@头条新闻"微博,采集日期:2015 年 12 月 18 日。http://weibo.com/1618051664/ClWjfujb7
⑤ 新浪微博用户"@央视新闻"微博,采集日期:2015 年 12 月 18 日。http://weibo.com/2656274875/Cm1tO189F

量呈现爆炸式增长。6 月 12 日,李克强对事件作出批示,要求"对不作为、假落实的要严厉整改问责,悲剧不能一再发生"①。6 月 13 日,央视新闻在节目中以图片形式将男童遗书内容曝光②,但遗书真伪遭到质疑。

在此次事件中,留守儿童惨剧曝光伊始,舆论矛头立即指向政府,随着信息曝光、真相逐步还原,舆论矛头两次转移。根据舆论焦点的转变,本研究把该事件舆论波动历程分为以下四个阶段:留守儿童自杀引关注,政府失职受谴责;质疑家庭教育不足,怀疑家暴是自杀导火索;男童遗书真伪存疑,舆论质疑政府有意隐瞒内情;遗体火化遗书证实,舆论趋于平息。纵观此次事件,舆情在事件曝光仅一天内便呈爆炸式增长,又在五日内迅速趋于冷静。在此过程中,政府积极公开信息、还原事实真相并处理相关责任人对于平息舆论有着至关重要的作用。

二、"毕节留守儿童自杀"事件舆情波动历程

2015 年 6 月 9 日晚,贵州毕节 4 名儿童在家中农药中毒死亡。6 月 10 日,毕节市七星关区政府官方网站通报此事件,澎湃新闻在当晚也对此事发文报道。6 月 11 日,经微博"大 V"转发以及多家媒体跟进,舆论呈现爆炸式增长,"穷得只吃玉米面"③出现在各大新闻标题。随后在 6 月 12 日、13 日,随着政府公开信息增加,舆论焦点发生两次转移。6 月 14 日之后,事件

---

① 中国政府网,李克强对贵州毕节 4 名儿童服农药中毒死亡事件作出批示,采集日期:2015 年 12 月 18 日。http://www.gov.cn/guowuyuan/2015-06/12/content_2878697.htm

② 腾讯视频,警方披露贵州毕节留守大儿子遗书:我该走了(视频),采集日期:2015 年 12 月 18 日。http://v.qq.com/cover/y/y3anmemxjx348hl.html? vid=f0016vcu928

③ 搜狐新闻,贵州 4 名留守儿童喝农药自杀穷得只吃玉米面,采集日期:2015 年 12 月 18 日。http://news.sohu.com/20150610/n414796797.shtml

真相逐渐揭开神秘面纱，舆论逐渐消退，对此事的理性分析与评论文章纷纷出现。该事件舆情走势如下图：

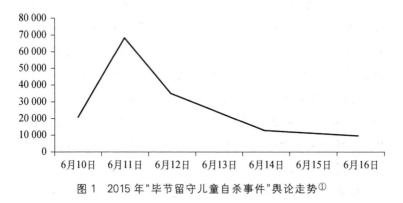

图 1　2015 年"毕节留守儿童自杀事件"舆论走势①

（一）舆论爆发：留守儿童自杀引关注，政府失职受谴责

6 月 10 日至 11 日，"毕节留守儿童自杀"事件初起波澜，此时舆论场的中心为"@澎湃新闻"。6 月 10 日晚 8 点，澎湃新闻在其网站、微博、微信和手机客户端同步发布报道，文中大篇幅描写了四名儿童"没有生活费辍学在家"、"唯一的食物是去年种的玉米"②等细节，迅速引发舆论关注，并被其他媒体以《"贵州留守儿童疑在家中喝农药自杀　生前穷得只吃玉米面"》③为题进行转发。"@澎湃新闻"将此条新闻设置为置顶微博，当天转发量与评论量破万次，并在 4 个小时之后，6 月 11 日凌晨 0∶07 分被"@姚晨"转发，称："看完这篇报道，潸然泪下！无法想象，这四个年幼的孩子，得有多饥饿多绝望才会选择自杀？最想不

---

①　数据来源：转引《毕节留守儿童自杀》，采集日期 2015 年 12 月 15 日。http://www.eefung.com/hot-report/d25f1c01-554b-408c-b040-17442efa6692

②　澎湃新闻，贵州 4 名留守儿童疑在家农药中毒身亡，父亲在外打工联系不上，采集日期：2015 年 12 月 18 日。http://www.thepaper.cn/newsDetail_forward_1340413

③　腾讯新闻，贵州留守儿童疑在家中喝农药自杀生前穷得只吃玉米面，采集日期：2015 年 12 月 18 日。http://news.qq.com/a/20150610/041387.htm

通的是,现在已是 2015 年,怎么还能让这样的事情发生?"①引发广大网民激烈讨论。

　　经过一夜舆情发酵后,11 日一早,大量网民及媒体评论纷纷出现,当天微博上"♯4 名儿童疑喝农药死亡♯"②微话题阅读量超过 2 000 万人次,讨论量高达 2.1 万条。同时,多家媒体围绕自杀儿童的生活状况展开报道,相关舆情持续发酵。新华网发文《贵州毕节 4 名儿童系服农药中毒死亡目前父母联系不上》③;《北京晚报》报道《探访贵州毕节留守儿童现状　2 张床睡 8 个人环境很恶劣》④;中青网报道《毕节 4 名留守儿童疑喝药自杀　穷得只吃玉米》⑤;中新网刊发了一组自杀儿童家庭的照片,并被多家媒体以《探访贵州毕节留守儿童房屋破旧无电灯》⑥为题转发,引发网民高度关注。

　　此时,舆论认为贫穷是儿童自杀的主要原因。舆论质疑政府的倾向较为明显,毕节社会保障和救助体系广受批评,而相关政府官员再次被推向了舆论风口浪尖。

　　此时舆论集中在对政府的批判,第一类舆论质疑政府和公职人员失职,并指责相关部门扶贫工作极不到位。如网民"@自动小铅笔"发问"想问问孩子生前当地政府忙着干什么呢",网民

---

① 转引自天涯舆评,采集日期:2015 年 12 月 18 日。http://bbs.tianya.cn/post-53715-2462-1.shtml

② 新浪微博,♯4 名儿童疑喝农药死亡♯,采集日期 2015 年 6 月 11 日。http://weibo.com/p/100808f7d0ca641f2c8f9d7fb14ea265330bad

③ 新华网,贵州毕节 4 名儿童系服农药中毒死亡　目前父母联系不上,采集日期:2015 年 12 月 18 日。http://news.xinhuanet.com/photo/2015-06/11/c_127905914_2.htm

④ 北晚新视觉,探访贵州毕节留守儿童现状　2 张床睡 8 个人环境很恶劣,采集日期:2015 年 12 月 18 日。http://www.takefoto.cn/viewnews-438716.html

⑤ 中国青年网,毕节 4 名留守儿童疑喝药自杀　穷得只吃玉米,采集日期:2015 年 12 月 18 日。http://news.youth.cn/sh/201506/t20150611_6739118.htm

⑥ 中金在线,探访贵州毕节的留守儿童　房屋破旧无电灯,采集日期:2015 年 12 月 18 日。http://review.cnfol.com/minshengzatan/20150611/20921155.shtml

"@丁当了个和谐"质疑"党和政府哪里去了"，网民"@story"质疑"父母在哪，我说的是父母官"，评论人士陈杰人在"杰人观察"的头条位置发表题为《贵州毕节书记市长：你们拿什么来赎罪?》[1]一文，网民"@ifYouSayLove"表示"西部说扶贫，呵呵"；第二类舆论同情留守儿童，对儿童的悲惨境遇表示痛心。如网民"@中国首席有机菜农"感慨"说句可能遭到喷声的话：没钱就别生孩子! 孩子太可怜"；第三类舆论质疑社会救助没有落实，呼吁社会组织介入。如网民"@邢道渼"评论"红十字会在哪里? 福彩在哪里"。

（二）舆论逆转：质疑家庭教育不足，怀疑家暴是自杀导火索

6月11日晚，当地政府官员在接受澎湃新闻采访时称，田坎乡已将死亡儿童家庭纳入农村最低生活保障对象，"张方其（父亲）和张启刚（长子）每人每季度保障金额为531元，并且低保存折中尚有余款3 568元，还有粮食、腊肉等生活物资"[2]。同时，《南方都市报》报道称，死者家庭的经济条件并不如传言所说的那样贫困，其居住的楼房建于2011年，市值超过20万元。[3]此时舆论风向悄然发生变化，舆论矛头逐渐转向死者父母，认为监护人失职是悲剧发生的最主要原因。

6月12日凌晨，《新京报》报道称"老大性格内向，挨打后曾

① 杰人观察，贵州毕节书记市长：你们拿什么来赎罪，采集日期：2015年12月18日。http://www.aiweibang.com/yuedu/30920241.html
② 澎湃新闻，毕节服毒身亡4留守儿童一家系低保户：每季度可领530元，采集日期：2015年12月18日。http://www.thepaper.cn/newsDetail_forward_1340815
③ 南方都市报，官方：4孩子农药致死排除刑案　家庭不贫困，采集日期：2015年12月18日。http://ndapp.nandu.com/app.php? m = News&a = show&id = 32475&ndfrom =

跳过河"①,网易新闻据此将标题改为"《毕节否认 4 兄妹因贫困自杀　称老大挨打后曾跳河》"②。同日上午,新华网还指出,据村民们普遍反映,4 兄妹曾遭受过很严重的家庭暴力,性格孤僻,"这家人虽然生活在村里,但跟不是这个村的一样"③。网民群情激愤,对家庭暴力和父母失职的谴责达到顶峰。

　　此时舆论集中于批判父母失职和家庭教育的缺失,第一类舆论认为父母要对子女的基本物质生活负责,承担起抚养孩子的义务。网民"@chfbdhbf"感慨道,"所以说越是穷就要越少生孩子,生那么多干吗,自己受累不说,小孩也跟着受罪",网民"@May20061900"评论"这也能成为喷 ZF(政府)的理由? 自己生这么多养不活干嘛"。第二类舆论是谴责家庭教育缺失,认为父母要重视孩子的心理需求。网民"@琳琅满目屋"感慨"无论怎么讲,离开孩子两年多连个电话都没有的妈是人吗",网民"@真心情真性情"指出"很多人都指责这个因丈夫家暴抛家弃子的母亲,却不正视事发后一直未露面的孩子父亲"。第三类舆论猜测父母对孩子不闻不问是恶意之举,意图是获取高额的赔偿金。如网民"@阿斯顿峰气象台"评论"生而不养,反而怪社会,对了,肯定能要到巨额赔偿,那时候父母就来了,说不定七大姑八大姨也来了"。第四类舆论强烈谴责家庭暴力,认为家暴是导致儿童自杀的主要原因。如网民"@仰望星空的女人欧阳少恭"感叹"毕节那个家庭里面,父亲家暴妻子孩子,母亲家暴孩子,哥哥家

① 新京报,毕节 4 兄妹服药死亡当地称并非因贫自杀,采集日期:2015 年 12 月 18 日。http://epaper.bjnews.com.cn/html/2015-06/12/content_581920.htm? div=-1
② 网易新闻,毕节否认 4 兄妹因贫困自杀称老大挨打后曾跳河,采集日期:2015 年 12 月 18 日。http://news.163.com/15/0612/02/ARSI4K6800014AED.html
③ 新华网,毕节自杀儿童曾遭受严重家暴哥哥被打后曾跳河,采集日期:2015 年 12 月 18 日。http://paper.chinaso.com/detail/20150612/10002000327325614340647230757 47454_1.html

暴妹妹。在一个不惩治家暴的社会中，家暴就这样成为了社会的普遍现实（的）吧，就这样成为了人类文化基因（的）吧"。

6月12日中午，中国政府网发布消息，"国务院总理李克强十分关切此事并作出重要批示，要求有关部门对各地加强督促，把工作做实、做细，强调临时救助制度不能流于形式。对不作为、假落实的官员要严厉整改问责，悲剧不能一再发生。"①此条消息被搜狐网、新浪网、中国新闻网等84家媒体纷纷转载。同日，七星关区人民政府副区长杨黔、教育局局长叶荣和田坎乡茨竹村领导薛廷猛被停职检查，七星关区田坎乡党委书记聂宗献、乡长陈明福被免职，其他相关政府工作人员被移交司法机关处理。② 同时，贵州省民政厅官网发布《关于毕节市七星关区张启刚等4名儿童非正常死亡初步调查的通报》③，通过数据表明该户为中等生活水平。中国新闻网道称，民政部表态将开展社会救助专项督查，重点督查临时救助制度落实情况。毕节当地政府成立联合调查组，并对多名责任人进行处理。④

当日，评论人陈杰在"杰人观察"头条位置发文《就误批贵州毕节市委书记和市长郑重道歉》，文中称"前述那篇批评文章所基于的新闻事实，离实际情况就有很大差距"，"毕节市委市政府，就留守儿童问题，做了大量的工作"，"就我的信息不准和错

---

① 中国政府网，李克强对贵州毕节4名儿童服农药中毒死亡事件作出批示，采集日期：2015年12月18日。http://www.gov.cn/guowuyuan/2015-06/12/content_2878697.htm
② 凤凰网资讯，采集日期：2015年12月18日。http://news.ifeng.com/a/20150612/43964744_0.shtml
③ 贵州省民政厅，关于毕节市七星关区张启刚等4名儿童非正常死亡初步调查的通报，采集日期：2015年12月18日。http://www.gzsmzt.gov.cn/content-12-7391-1.html
④ 中国新闻网，采集日期：2015年12月18日。http://www.chinanews.com/gn/2015/06-12/7341256.shtml

误批评,向陈志刚和陈昌旭两位致歉,向读者致歉"①,该文章迅速被中国广播网、高峰论坛贵州网、百度贴吧"贵州吧"与"毕节吧"等转载。

（三）再掀波澜：男童遗书真伪存疑,舆论质疑政府有意隐瞒内情

随着警方调查不断深入,事件细节一点点呈现在公众面前。6月13日,央视新闻在节目中以图片形式曝光男童遗书,"谢谢你们的好意,我知道你们对我的好,但是我该走了。我曾经发誓活不过15岁,死亡是我多年的梦想,今天清零了!"②遗书曝光后,其真实性立即遭到质疑,有网民猜测遗书中成熟的用词与工整的字体并非出自男童之手,导致舆论矛头再次聚焦毕节政府和相关媒体的公信力。

遗书真伪存疑,事件又披上了神秘面纱,对于四名儿童自杀原因的猜测又回到大众视线中。中国青年网发表题为"毕节自杀四兄妹亲属称最小孩子尸体上有8处刀伤"③的报道,引发网民对四名儿童死亡是自杀还是他杀的猜测。"@财新网"发微博称"毕节孩子在联合家访1.5小时后服毒"④,网民质疑家访是儿童自杀的"导火索"。

此时谴责焦点再次指向政府,第一类舆论质疑遗书的真实性。网民"@张峰04824"分析"当一个花季小年,把死亡当成梦

---

① 杰人观察,贵州毕节书记市长：你们拿什么来赎罪,采集日期：2015年12月18日。http://www.aiweibang.com/yuedu/30920241.html
② 腾讯视频,警方披露贵州毕节留守大儿子遗书：我该走了(视频),采集日期：2015年12月18日。http://v.qq.com/cover/y/y3anmemxjx348hl.html?vid=f0016vcu928
③ 中国青年网,贵州毕节自杀四兄妹亲属称最小孩子尸体上有刀伤,采集日期：2015年12月18日。http://news.youth.cn/gn/201506/t20150613_6747553.htm
④ 新浪微博用户"@财新网",采集日期：2015年12月18日。http://weibo.com/1663937380/Cmpbj5h8K

想,这个梦就是我们所追求和推崇的中国梦吗？'清零'是今年公务员考试的策论题,却被你们用在一个死难少年的遗书里,这又讽刺了谁",网民"@梦晨殇"调侃"细想一下,毕节这个事可比庆安那个事复杂多了,对吧,从原始视频剪辑一个符合自己立场的片段是很简单的事,但你弄一个13岁孩子的遗书就相当复杂了,首先你得找个同龄的孩子写,其次,你得考虑13岁孩子的世界观,然后再分析为何抛弃这世界观的心情,是个大工程"。第二类舆论猜测遗书造假的目的是掩盖真相。网民"@天空仰望"在评论中用省略号暗指事件背后可能存在隐情,"贵州毕节四儿童死亡事件三大问题之所在：(1)警方公布的遗书竟然是打印的,被网民证伪,说有原件还不公布,搞笑！(2)十几人联合家访后自杀；(3)没家长情况下,遗体被火化！……省略后面……"。第三类舆论猜测事实真相为家访是儿童自杀的"导火索"。网民"@情菲得意精选集"评论"早不死晚不死,一群人家访后就死了,你说那几个脱得了干系?""@连有大律师"质疑【这就是伪造遗书的原因?】财新记者多方核实后确认：在毕节四名孩子6月9日服毒当晚,学校、政府、村民等十余人曾联合家访,大人们通过虚掩的后门进入了孩子们的家。家访结束后一个半小时,孩子们用喝农药的方式结束了自己的生命。——家访开始了孩子生命的倒计时,毕节,你是怎样家访的?"①

(四)平息消退：遗体火化遗书证实,舆论趋于平息

遗书真伪质疑声出现不久,毕节七星关区宣传部官方回应称,央视新闻曝光的遗书是媒体根据遗书内容进行加工而成,其

---

① 新浪微博用户"@连有大律师",采集日期：2015年12月18日。http://weibo.com/1449792254/CmCa3tHoS

内容是真实的。① 当日晚 19 时,新华网发布题为《贵州毕节留守儿童死亡事件后续:母亲回家处理善后　警方鉴定遗书真实》②的报道。当日晚 21 时 42 分,中新网发布题为《警方公布贵州自尽男童遗书　五岁女童身体伤痕系旧痕》③的报道,对遗书真伪及他杀等猜测予以回应,并说明四名儿童遗体已于 12 日火化。

6 月 14 日,多家媒体发文澄清男童遗书非造假,警方鉴定内容被广泛转载,遗书谜团就此解开。与前几日相比,6 月 14 日媒体对事件的报道量大幅度减少,报道的内容主要为对已有信息的转载或对事件的分析和评论,舆论渐趋平息。

三、网民态度阶段性波动原因分析

在"毕节留守儿童自杀"事件舆论迅速爆炸又迅速消退的过程中,网民态度发生了两次明显转变。对新浪微博评论随机抽样后采取关键词提取、主题聚类分析方法得出网民舆论的倾向性,可以发现网民态度经历了"谴责政府失职——批判失职父母——再次质疑政府公信力"三个阶段的变化情况(如图 2)。

(一)事发伊始:媒体片面报道引发政府公信力危机

此次"毕节留守儿童自杀"事件虽是政府网站主动公开,但舆论被澎湃新闻的转发报道引爆,澎湃新闻报道中描绘的因贫穷饥饿而绝望自杀的可怜儿童形象迅速成为舆论关注热点。多家媒

---

① 南方都市报,小刚遗书遭质疑　官方称警方掌握真实遗书,采集日期:2015 年 12 月 18 日。http://news.oeeee.com/html/201506/13/267329.html
② 新华网,贵州毕节留守儿童死亡事件后续:母亲回家处理善后　警方鉴定遗书真实,采集日期:2015 年 12 月 18 日。http://news.xinhuanet.com/local/2015-06/13/c_1115607501.htm
③ 中国新闻网,警方公布贵州自尽男童遗书　五岁女童身体伤痕系旧痕,采集日期:2015 年 12 月 18 日。http://www.chinanews.com/gn/2015-06-13/7342309.shtml

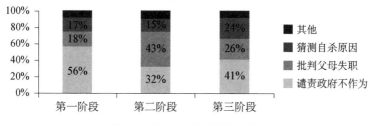

图2　网民态度波动阶段变化

体对此事件的报道中，"环境恶劣""破旧""贫穷""饥饿"等词语频频出现在新闻标题中。尤其是被曝光的死亡儿童家庭照片中破烂不堪的生活环境极具视觉冲击效果，更引发了网民的高度关注。毕节社会保障和救助体系不完善、政府救助流于形式化、慈善落实不到位、社会冷漠等谴责声不断，舆论场被迅速引爆。

　　事发伊始，舆论基本接受了媒体报道中所隐含的"贫困导致留守儿童自杀"这一信息，并据此发表对政府的谴责与批判。后来，当地政府接受澎湃新闻采访时声明，贫穷并非四名儿童自杀的主要原因，但是一些媒体为博得点击率仍将贫困作为主要关键词，进行有倾向性的报道，刺激舆论持续爆炸。

　　新闻媒体依靠具有倾向性的报道博得大众关注在网络中屡见不鲜。网络是个受众选择的市场，受众的关注是网站生存与发展的重要条件。为了吸引受众眼球，大量刺激性的标题和内容出现在新闻报道中。位于显著位置的新闻标题无形中起到议程设置的作用，受众易认为这些刺激性内容就是信息主体。"标题党"为了吸引眼球不惜片面反映真实内容，网络媒体逐渐背离传统媒体的客观性与价值中立标准。[①]

　　新闻以牺牲客观性为代价换取吸引力负面影响极大，在此

---

① 郭璐、薄立伟.网络新闻"标题党现象"对受众阅读心理的影响[J].新闻界,2011,07:86-88.

事件中表现尤为明显。正如评论人陈杰在《就误批贵州毕节市委书记和市长郑重道歉》中所说,"那篇批评文章所基于的新闻事实,离实际情况就有很大差距"①。在舆论爆发初期大部分媒体与受众对新闻事实不了解的情况下,媒体对事件的含糊报道或倾向性报道可能引导舆论逐渐偏离事实本身,转而变为泄愤式无意义的批判。

(二) 舆论转向：政府公开信息引导舆论关注点转移,总理批示稳定网民情绪

政府网站是政府政务公开与信息发布的主要平台之一,在网络媒体不断发展的时代,政府网站的作用越来越突出。"毕节留守儿童自杀"事件最初在 6 月 9 日由毕节七星县政府网站公开,但由于事实细节公布不充分,给媒体以及网民大量的猜测空间,政府公信力遭到质疑。

6 月 12 日贵州省民政厅官网发布《关于毕节市七星关区张启刚等 4 名儿童非正常死亡的初步调查通报》②,文中通过数据表明之前所谓的贫穷导致儿童自杀的原因不实。同时中国政府网发布消息,国务院总理李克强十分关切并作出重要批示。③当日也对相关责任人进行了处理。总理批示对平息网民激愤有一定作用,政府对不作为行为的问责、民政部对救助制度的落实情况督察、对相关责任官员的处置一定程度上顺应了舆论的

---

① 杰人观察,贵州毕节书记市长：你们拿什么来赎罪,采集日期：2015 年 12 月 18 日。http://www.aiweibang.com/yuedu/30920241.html

② 贵州省民政厅,关于毕节市七星关区张启刚等 4 名儿童非正常死亡的初步调查通报,采集日期：2015 年 12 月 18 日。http://www.gzsmzt.gov.cn/content-12-7391-1.html

③ 中国政府网,李克强对贵州毕节 4 名儿童服农药中毒死亡事件作出批示,采集日期：2015 年 12 月 18 日。http://www.gov.cn/guowuyuan/2015-06/12/content_2878697.htm

呼声。

　　不仅政府依靠其官方网站公布信息，政府官员也不断在影响力较大的媒体上发声，引导舆论风向。《新京报》报道中称毕节当地官员表示"老大曾因家暴自杀未遂"①，网易新闻标题随之更改为"毕节否认四兄妹因贫困自杀　称老大挨打后曾跳河"②。在此阶段，随着政府积极行动，对政府的批判舆论逐渐减退，舆论矛头逐渐转向留守儿童父母责任缺位，各方猜测父母失职是导致悲剧发生的最主要原因。新华网报道四兄妹遭受过很严重的家庭暴力，导致"性格很孤僻"③，致使舆论对父母的批判愈发激烈，舆论焦点转为关爱留守儿童、留守儿童心理健康教育等议题。

　　由上文分析可以看出，政府在舆论不利的情况下，主动公开信息并承担责任有助于恢复政府公信力。网络舆情极易引爆，但受众有基本的分析判断能力，信息公开有助于政府免受无端指责。目前我国政府公信力危机首先表现在地方层级政府，"要提升政府公信力，既要改变政府的属性（透明性、法治、职能等等），又要改变政府与公民的关系（参与、回应性等）。"④事发伊始，权威消息的发布有一定的滞后性，各种小道消息、虚假传言往往抢先填补了舆论的空白。在不实消息的引导下，舆论往往对政府抱有偏见，政府公信力受损。由此，政府需要增强运用新

① 新京报，毕节4兄妹服药死亡当地称并非因贫自杀，采集日期：2015年12月18日。http://epaper.bjnews.com.cn/html/2015-06/12/content_581920.htm? div = -1
② 网易新闻，毕节否认4兄妹因贫困自杀称老大挨打后曾跳河，采集日期：2015年12月18日。http://news.163.com/15/0612/02/ARSI4K6800014AED.html
③ 新华网，毕节自杀儿童曾遭受严重家暴哥哥被打后曾跳河，采集日期：2015年12月18日。http://paper.chinaso.com/detail/20150612/100020003273256143406472307575747454_1.html
④ 马得勇、孙梦欣.新媒体时代政府公信力的决定因素——透明性、回应性抑或公关技巧？[J].公共管理学报，2014，01：104—113 + 142.

媒体的意识，提高应对网络舆情的能力，积极公开信息，引导网络舆论，维护政府公信力。

（三）再起波澜：公开信息真实性存疑，政府公信力再陷危机

在网络媒体时代，网民不仅仅是被动的信息接受者，受众对于信息本身的真实性与合理性进行分析判断后，有充分的平台与空间发表自己的见解。在"毕节留守儿童自杀"事件中，政府不断公开信息、提高事件透明度，但网民却对信息的真实性提出质疑。

6月13日，央视在新闻节目中以图片形式将男童遗书内容曝光，但大量网民认为遗书是政府为了逃避责任而伪造的，舆论矛头再次聚焦毕节政府和相关媒体的公信力。虽然警方对遗书真实性予以肯定，但最终遗书原件并未公开，此事件不了了之，成为舆论"烂尾"事件之一。

6月20日，网民"@小钓鱼荒岛"对此事件后续结果进行追问，"四个孩子悄无声息的没了，才10来天，媒体上就没有消息了。没有调查结果，老大为什么从楼上掉下，遗书说了什么？老二老三为什么脸部红肿，小妹臀部的伤口是怎么回事，农药哪里来的？10来个人半夜家访目的何在？为何家访刚走一个多小时悲剧就发生了？抛弃孩子的父亲找到了没有？他不用负责吗？"[①]但只有不到400条转发，评论数寥寥无几，几乎无人问津。"毕节留守儿童自杀事件"自此逐渐退出舆论热潮，但是遗书造假问题最终在大众心中埋下一颗质疑政府公信力的种子。

在此次事件中，政府的危机公关手段与措施无可指责，甚至

---

① 新浪微博用户"@小钓鱼荒岛"，采集日期：2015年12月18日。http://weibo.com/2764994982/CnoF8rTmI

可以算作信息公开程度较高的典范,但是当今网络时代媒体受众受教育程度较高,具有更强的社会关怀和公共参与精神,往往对政府行为持有强烈的不信任感和批判性。新媒体时代,地方政府应对各种突发事件或舆论热点问题时,最佳策略就是开诚布公、积极回应,用公开透明的信息和积极回应的态度赢得民众的信任和支持,从而有效地维持和提升政府公信力。

四、为什么又是毕节? 为什么不是毕节?

作为我国经济贫困地区之一,毕节市的留守儿童人数庞大。2012 年,五名留守的流浪儿童被闷死在垃圾桶后,毕节宣布每年拿出 6 000 万元设立关爱留守儿童基金。然而,这些并没能阻止悲剧的发生。在 2014 年 4 月至今短短一年半时间内,又发生五起留守儿童死亡事件。2014 年 4 月,毕节小吉场镇南丰村某小学教师强奸学生,受害女生大部分是留守儿童;2015 年 6 月,四名留守儿童在家中自杀;2015 年 7 月,贵州毕节纳雍县某中学八年级的 15 岁留守儿童郑雄,仅因同学矛盾遭群殴致死;2015 年 8 月,贵州毕节市纳雍县勺窝乡发生命案,两名留守儿童在家中遇害;2015 年 11 月,毕节一留守儿童被电击身亡。毕节留守儿童的悲剧屡屡发生,被悲惨新闻不断“轰炸”的网民不禁要问:“为什么又是毕节?”

但是这起“毕节留守儿童死亡”事件暴露出来的并不是毕节特有的问题,不能仅仅归咎于毕节市政府失职。毕节的悲剧,仅是我国六千万留守儿童问题的缩影。据 2010 年第六次全国人口普查,全国有农村留守儿童 6 102.6 万人,占所有农村儿童比重达 37.7%,占全国儿童的比例为 21.9%。对于留守儿童问题,大家通常归咎于城乡的巨大差异,父母为改善家庭环境外出打工以及一些父母对孩子缺乏精神上的关爱等。我国地区经济发展水平差距大,农民为改善生活,进城务工是其实现较高收入的主要途径;孩子平时需要亲情呵护,而外出务工的父母不能长期陪伴,仅依靠电话、视频、书信无法满足孩子的心理关怀需求;父母经常回家或者把孩子接到城市的经济负担又超过了大部分农民工的负担能力。从毕节留守儿童悲剧来看,毕节市政府在惨剧发生后,都积极表态并及时宣布采取措施,也有一定的落实举措,但悲剧仍旧屡屡发生。如何将政策关怀落到实处,让留守儿童悲剧不再频繁发生,最大限度确保留守儿童合法权益和生命安全,这不仅是毕节市政府的责任,也是全国千万留守儿童家庭的责任。

五、反思与建议

(一)向左走?向右走?——受媒体引导的网民不完全是"乌合之众"

"毕节留守儿童自杀"事件中网民态度由批判政府转向谴责家长,后来又转向质疑政府,在这两次舆论态度转向过程中,起主要推动作用的都是政府公开的信息与相关媒体的报道,但却出现了完全相反的效果。第一阶段,媒体描述了贫困儿童的生活,舆论倾向为批判政府社会救助与社会保障不力;第二阶段,政府主动公开信息,在媒体中呈现出一个积极履行责任与义务的政府形象,同时媒体描述了一个亲情匮乏、家庭关怀缺失的儿童成长环境,网民也对此基本接受,舆论倾向于对家庭教育缺失的批判;第三阶段,央视新闻介入,曝光经加工处理过的儿童遗书,虽有警方证实遗书内容确为儿童所留,但却有大量网民质疑警方与央视所为背后有隐情,政府故意隐瞒真相。

为何舆论对于此次事件的直接相关者(地方政府)的言论大多接受,而对于第三方机构(央视新闻与警方)的言论反而存疑?

分析舆论转向历程可以看出，网民对信息的接受程度并不完全取决于信息发布者是否是利益相关主体，而是基于对信息内容本身的考量。在网络急速发展、信息爆炸式增长的时期，"还原事情真相"成为简单却难以实现的愿望。逐渐还原事件真相是媒体报道不可避免的特点，在新媒体时代，政府部门更应该学会如何跟媒体与网民打交道。危机事件发生后，网民往往会"迁怒"于政府。这个时候，官方应听取网民建议，找出网民情绪的"引爆点"，逐步还原真相，消除误解。同时，也应考虑网民的"敏感点"，避免不当言论引发次生问题。

（二）中央政府及时批示，地方政府危机公关速度堪称典范

毕节留守儿童死亡事件曝光伊始就点燃了舆论怒火，政府救助不力、慈善落实不到位、社会冷漠等各种谴责之声一片，社会救助制度问题再次成为舆论反思的焦点。面对如潮的谴责声，毕节当地政府积极采取措施应对。第一，及时开展调查并公布事件真相。先期舆论主要认为四名儿童是因为没吃的才选择自杀。但政府积极介入事件调查并公开声明，澄清儿童并非因贫困自杀，并通过媒体公开当地政府对死亡儿童曾采取的救助工作。留守儿童自杀事件曝光迅速引爆舆论场，公众期待真相，政府部门积极信息公开可以防止谣言滋生。第二，中央批示，问责处罚。悲剧发生后，舆论问责声不断，相关责任人成为千夫所指。6月10日晚舆情爆发，48小时之内得到李克强总理批示并成立事件调查组，完成相关责任人处理等工作。此次事件政府危机公关迅速，一改大众对政府"不作为"的负面印象。毕节政府积极承担相应责任，对悲剧发生家庭进行相应补偿，对失职官员进行问责，完善制度不足，建立一个公平公正公开的政府形象，危机发生后及时重塑政府公信力。此次事件中政府危机公关的经验与方法值得推广学习。

(三) 家庭教育不可替代,物质的满足无法弥补心理关怀缺失

根据媒体报道可知,虽然处于贫困地区,但四兄妹并非极端贫困,物质因素并非儿童自杀的根本影响因素,因此对儿童心理的关注不容忽视。客观来看,留守儿童现象是一个综合问题。农民进城务工既是主动改善生活,又是在地区发展水平差异巨大条件下的被动选择。在打工赚钱和陪伴孩子成长之间,贫困地区的父母不得已选择前者。许多父母常年外出务工,回家后与子女的交流较少,根本无法承担教育子女的责任。四兄妹的生母出走,父亲外出打工,并且父母对孩子有家暴行为;亲情缺失、不幸的留守经历导致了焦虑、自卑的心理和孤僻的性格,最终四个孩子选择了以悲情且极端的方式结束自己的生命。目前社会对留守儿童的关注更多侧重于物质方面,而忽略了心理辅导,老大以前曾有过轻生的行为,但并未引起重视。此类儿童极端的心理问题,应该及早发现,及时疏导。政府与社会救助可以保障儿童物质上的充裕,但家庭关怀始终是解决留守儿童心理问题不可或缺的一部分。

祛魅于一个赋魅的时代

——复旦大学宣传片抄袭事件舆情分析

一、前言

当下是一个赋魅的时代,越来越多的人、事、物被社会建构出超然于自身的性质,名人、名校的一举一动在其标签化过程中因"名声在外"而容易引起媒体和网民的广泛关注。一件普通的事情只要粘上"名人光环"或者"名校光环",便不再普通。在复旦宣传片抄袭事件中,"赋魅"是指社会给予复旦名校光环的过程;"祛魅"是指在舆情过程中,弱化名校属性,将其与其他高校平等地对待。该事件的爆发主要是因为复旦作为名校,其抄袭行为与社会期望相背离,"复旦作为名校为什么还抄袭?"成为媒体与网民关注的焦点。对主体角色的关注超越了对行为本身的关注,这导致了许多不理性行为的发生。正如马克思·韦伯所言:理性化过程的核心就是祛魅,当前需要祛魅于这个赋魅的时代。

二、复旦宣传片抄袭事件舆情发展历程及波动原因分析

为了庆祝建校 110 周年,复旦在 2015 年 5 月 27 日发布了时长为 4 分 50 秒的宣传片——《To My Light》。发布不久,就被网民指出其抄袭了日本东京大学宣传片《Explorer》,复旦因此成为了媒体关注的焦点,一时间引发网络热议。随后校方进行危机公关,先声明是独立创作,抵不住舆论压力后又承认参考了他校宣

传片;撤换后的新宣传片又被指涉嫌抄袭德国慕尼黑工业大学校庆宣传片;同期发布的校庆 Logo 也被指与旋转后的苹果 Touch ID 标志高度相似,复旦陷入"三连抄"的舆论困境。统计显示,自2015 年 5 月 27 日起至 31 日,短短四天内,以"复旦宣传片抄袭"为话题的微博 172 213 条,总阅读量达到 220 万。①

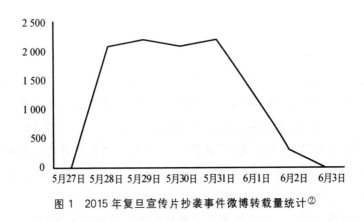

图 1　2015 年复旦宣传片抄袭事件微博转载量统计②

(一) 初现抄袭,引发质疑

5 月 27 日,宣传片一上线就被许多网民指出该宣传片涉嫌抄袭东京大学宣传片,质疑言论被广泛转发。在网络舆论一边倒的情况下,复旦大学宣传片制作人滕育栋(复旦大学宣传部副部长)在接受采访时否认了抄袭的行为。该阶段网民主要关注以下三个方面:

1. 抄袭主体:名校光环下的抄袭

从经济学的角度分析,抄袭的收益成本比较高,而在校方并没有给予宣传部太多资金的情况下,适当的借鉴似乎看起来情

---

① 数据来源:上海开放大学信息安全与社会管理创新实验室数据采集系统。

有可原,毕竟拍摄成本是绕不开的话题。问题的关键在于如何区分借鉴与抄袭。在经过比较复旦和东京两所大学的宣传片后,我们不难发现,从创意到布景,再到拍摄手法,甚至连配音都及其相似,抄袭之名得以成立。

不得不承认,当今社会里抄袭、剽窃的事件在各个领域都屡见不鲜,甚至隐隐有取代原创的趋势。这不仅仅是价值观的扭曲,更多的是产权意识淡漠。抛开大的社会背景,单论复旦这个事件,"欲戴王冠,必承其重"可能是最合适的解释。正如宣传片中指出,在 2014 年的 QS 世界大学排名中复旦名列 71 位,仅次于北大、清华这两所高校,俨然成为华东文化教育的中心。正是因为复旦大学在教育界的地位,使其拥有了较高的社会地位,与之俱来的是社会的压力。我们对复旦这一知名高校进行角色建构的同时,也蕴含了我们的角色期待。即复旦是时代文化潮流的引领者、科技创新的先驱者和尖端人才的培育者。抄袭这一不光彩的行为正如当头一棒打在复旦之上,也打在每个关注复旦者的心头。网民对这一事件的第一看法是:复旦为什么要抄袭? 复旦凭什么抄袭? 复旦怎么能抄袭? 众人瞩目的期望背后,是铺天盖地的质疑与谩骂。如网民"@plum147":"喜闻乐见,现在不东窗事发,以后抄得更离谱! 堂堂复旦大学,竟然毫无廉耻之心。"[①]显而易见,此次事件如若换成某个不起眼的学校,所造成的舆论影响也远不可能有如此之大。

2. 抄袭对象:仇日情绪推波助澜

令网民不满的不仅是抄袭这一行为,还有抄袭的对象。即,复旦大学抄哪里不好,为什么要抄袭日本呢? 这是典型的民族

---

① 新浪微博"@plum147",采集日期 2015 年 9 月 15 日。http://weibo.com/1371675920/CjUsTAL9J? type = comment # _rnd1452314052669

主义情绪心理,将对日本民族的不满转嫁到复旦抄袭门事件之上,使得舆论迅速扩张。如图 1 复旦宣传片抄袭事件微博转载量统计图所示,5 月 27 日,在复旦宣传片涉嫌抄袭被爆料之后,各大新闻网站首先进行了相关报道,微博的转载量也迅速提升。不容否定,民族主义情绪在此事件中也起到了一定推波助澜的效果。如网民"@半世飘然羁旅":"问题在于抄袭什么不好,非要抄袭日本的,千夫所指。"[①]网民在该舆情讨论中,把民族主义情绪带入思维框架中来分析,将复旦推向了风口浪尖。

3. 校方应对:否认抄袭遭受抨击

5 月 28 日晚,复旦宣传片抄袭事件在网络上吵得沸沸扬扬,但复旦官方并没有发表任何声明,仅是宣传片制作人滕育栋以个人身份接受了澎湃新闻采访,并否认抄袭:"我们是从校友事迹写的本子,选题不同,创作剧本的过程是独立的。"[②]在接受采访时,滕育栋谈到,拍摄过程参考了东京大学等全球多所高校宣传片,其中东京大学参考比重较大,由于时间紧任务重,后期剪辑失误,且并未向复旦相关部门汇报该过程。

如果说是抄袭本身引发了网民的热议,在民族不理性的刺激下得以扩张,那么滕育栋否认抄袭的言论直接推动了舆论的高涨。显然,借鉴与抄袭并不能一概而论,而复旦的宣传片无疑是抄袭,而不是借鉴。但是,复旦并没有坦然面对此事。首先,校方的回应迟钝,没能及时降低社会上对该事件的关注度,反而进一步刺激了舆论的发展。其次,滕育栋不合时宜的言论引爆了舆论。这种掩耳盗铃的行为不仅广大网民不能接受,就连复

---

① 新浪微博"@半世飘然羁旅",采集日期 2015 年 9 月 15 日。http://weibo.com/ 1420157965/CjUkJ9eyP? type＝comment＃_rnd1452314568522

② 腾讯新闻,对话复旦宣传片制片人,采集日期 2015 年 9 月 15 日。http://news.qq. com/a/20150529/000826.htm

旦大学的学生都觉着羞愧，如网民"@张发财同学你好"所说：
"作为复旦大学的校友，我强烈要求校方严查此事，不要给复旦
丢脸，不要睁着眼睛说瞎话。"①滕育栋否认抄袭最初可能是为
了平息众怒，但他明显低估了网民对该事件的关注程度。滕育
栋的言论成为了舆论的焦点，并受到万千网民的炮轰。

(二) 乱中出错，备受争议

在 5 月 27 日的舆论风波之后，复旦大学于 5 月 28 日作出
回应，其主要过程为：下线→上新→认错→再抄。

5 月 28 日 14：45 左右，复旦大学官方网站、微博、微信公
众号等平台上的校庆宣传片悄然下线；18：00 左右，复旦大学
在其微信公众号发布了时长 12 分 36 秒的新版宣传片，名为《复
旦大学 2015 校庆宣传片（完整版）》，风格较传统。新宣传片的
上线并没有遏制网民的不满，反而助长舆情持续高涨。宣传片
抄袭的新闻在网络上继续扩散，《南方都市报》刊发的报道"复旦
宣传片被指抄袭　东京大学"和《京华时报》发表的新闻"复旦宣
传片被指抄袭东京大学校方连夜发布新片"被各大网站大量转
载。此外，多角度的针对性评论也纷至沓来，如"复旦连夜发布
新片　回避抄袭是下策""复旦大学对'抄袭'宣传片应启动独立
调查"等。除此之外，同期发布的校庆 Logo 因与旋转后的苹果
Touch ID 标志高度相似，也被曝有抄袭之嫌。而新版宣传片末
尾传递校徽的画面又与慕尼黑工业大学的宣传片异曲同工，被
网民戏谑称为"三连抄"，复旦大学被网民戏称为"复印大学""复
制大学"。

　　如图 1 复旦宣传片抄袭事件微博转载量统计图所示，在 5

---

① 新浪微博"@张发财同学你好"，采集日期 2015 年 9 月 15 日。http：//weibo.com/
2122948601/D2X45rs4N？type＝repost＃_rnd1452314637569

月 28 日当天,"复旦抄袭门"事件达到了舆论顶峰,南方都市、央视新闻、财经网、Vista 看天下等知名媒体均对此发文评论。在新浪微博上,众多大 V 也参与到了此事件的讨论中,并引发网民广泛讨论,转发量、评论量不断提升。多方关注下,抄袭事件的恶性影响达到最大,舆情达到峰值。

根据上海开放大学信息安全与社会管理创新实验室数据采集系统显示,在这三天内网络舆情中正面信息占 1.97%,负面信息占 67.05%,中性信息 30.98%。舆论态度以负面为主,在指责复旦三连抄的同时,对校方官方回应的失误也占据了半壁江山。自事件曝光开始,复旦官方采取冷待的方式,不闻不问,仅仅将涉嫌抄袭的宣传片撤下来,却未做出任何回应。发生如此重大事件之后,按照惯例,校方应该第一时间发声。一味逃避换来的不是冷静,而是疯狂。27 日舆情爆发后,宣传片制作人滕育栋在第一时间接受采访时即否认抄袭:"我们是从校友事迹写的本子,选题不同,创作剧本的过程是独立的。"而在 28 日宣传片下线后,滕育栋在接受澎湃新闻专访时回应称"摄制团队比较多地参考了东大短片的叙事方式和表现手法,审核时未向学校有关部门全面汇报拍摄的过程和背景情况,随时准备接受应有的处理"。前后矛盾的回应引来了网民的不满,舆情达到巅峰。

(三)官方致歉:众望所归

如图 1 复旦宣传片抄袭事件微博转载量统计图所示,自 5 月 31 日起,复旦抄袭事件舆情出现回落。主要原因是复旦官方出面做出回应。5 月 31 日,复旦大学官方微博就抄袭事件"向公众道歉,并启动相关调查,就调查结果追究责任,严肃处理"。微博发布之后,就引发网民广泛关注,短短一天时间,便有上万次转发。虽然批评不断,但网民对校方最终的表态总体表示肯定。数据显示,复旦官方微博于 5 月 30 日 10∶27 发布,在 11∶00 达到传播最高峰;18∶00 后微博传播速度低于每小时 50 次,至 5 月 31 日 14∶00,微博传播速度接近于零。①

纵观复旦大学宣传片抄袭事件,正可谓"来也匆匆,去也匆匆"。虽然持续时间只有三天左右,但影响不容小觑。自抄袭事件伊始,网民需要的就是一个正确认错态度。可是复旦大学并没有充分意识到问题的严重性,从一开始的冷待,到之后相关负责人的私人表态,都无法代表其官方立场,正是这种含糊不清的态度推波助澜,使得抄袭门一时间占据各大门户网站。迫于压力的复旦官方在事件发生两天后作出了正式回应,发布官方道歉公告。公告这样写道:"近日,我校视频《To My Light》涉嫌抄袭,造成不良社会影响,损害了学校声誉,伤害了大家的感情,对此我们真诚致歉。在初核基础上,我们将启动相关调查,邀请有关专家、校友和师生代表参加,并依据调查结果追究责任,严肃处理,改进工作,感谢师生校友和各界朋友对学校的关爱和支持"。此公告一出,受到了各界认可,批评的声音也慢慢冷却。与此同时,湖北监利发生了东方之星号客轮沉船重大事件,转移了媒体与网民的关注。自此,复旦宣传片事件舆论逐步平息。

三、媒体与网民态度分析

此次复旦宣传片抄袭事件舆情虽然持续时间短,但是影响力十足。调查数据显示,在此次舆情中,媒体与网民的态度均以不满为主:62%的媒体与67%的网民对复旦抄袭行为表示不

---

① 数据来源:上海开放大学信息安全与社会管理创新实验室数据采集系统。

满。① (图 2)对复旦大学应对舆情危机的方式方法的否定也占了很大一部分。除此之外,是对当今社会产权意识淡薄的反思,对当下教育的担心。

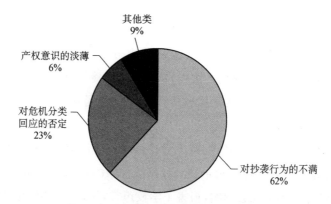

图 2 复旦宣传片抄袭事件媒体态度分析

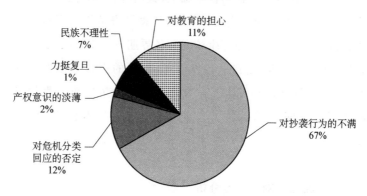

图 3 网民对复旦宣传片抄袭事件态度的分析

(一) 对抄袭行为的不满:大环境下的拿来主义盛行

复旦大学宣传片抄袭事件一出,便引发了广大网民的积极

---

① 数据来源:上海开放大学信息安全与社会管理创新实验室数据采集系统。

讨论,其中不满情绪占据了主导。例如微博知名大 V"@安普
若—外号安校长"(《回国驯火记》作者,知名网络作家和投资人
安普若)发表微博称:"堂堂复旦大学的官方宣传片抄袭日本东
京大学,还抵赖不承认。你怎么教育学生学术诚实? 现在美国
的大学每年开除 8 000 多名中国学生,22.98% 是因为学术不诚
实(比如复旦这种抄袭)。如果复旦大学你自己都这样,你让世
界其他高校怎么相信你教育出来的学生是诚实的? 作为复旦校
友,我们看你怎么处理这件事儿?"[①]此帖被转发近 3 000 次。

　　许多网民也表达了对此行为的不满,思考之外,也不乏调
侃。如网民"@醉客天涯":"一所学校的宣传片,无须是站在世
界高度,或者全球视野,你所需要做的是踏踏实实反映你的历
史,反映你对于学生对于科研对于理念的追求。宣传片是小事,
但是作为中国最顶尖的高校,缺乏思考的灵魂,你让我们深感恐
惧,110 年的复旦,你的创新和追求呢? 你的精神和灵魂呢?"网
民"@ablaut":"去蓝翔学挖掘,去复旦学复印。"这种观点主要
是对复旦抄袭行为的批评与思考,认为抄袭这一行为本身就是
不正当的,尤其是作为国内屈指可数的名校之一,文化的源头就
出现了抄袭,难免会引发媒体的不满,并占据媒体观点的很大一
部分。

　　媒体对复旦抄袭行为进行了分析,认为当下盛行的拿来主
义是事件发生的大背景,又因为复旦的特殊社会影响而引起了
特别广泛讨论。如《中国日报》发布题为《拿来文化已成时代病》
文章中指出的"'复旦事件'的背后隐藏着当今中国普遍存在的
一种文化病症,即拿来文化。拿来文化盛行,让借鉴、复制、移植

---

① 新浪微博"@安普若—外号安校长",采集日期 2015 年 9 月 15 日。http://weibo.
　　com/1371675920/CjUsTAL9J? type = comment#_rnd1446909801701

成为文化生产的常态。"①当拿来主义成为学术界的新常态,走向的不是兴盛,而是没落。借鉴与模仿并不可怕,可怕的是模仿成了习惯,抄袭成了主旋律。一个只懂抄袭,不懂创新的民族未来是黯淡无光的。

(二)对复旦大学回应态度的否定:缺乏危机公关意识

在事件发生之后,复旦并没有第一时间出来回应,而是采取了冷待的方法,于是许多网民表达了对复旦面对舆情危机时处理方法的不满,如微博大 V"@凯雷"(香港文汇报北京新闻中心执行总编辑)称:"今晚快十点了,复旦宣传部副部长还坚称是他独立创意,而其实是外包给了影视公司,不道歉,真将要酿成复旦校庆悲剧。"②虽说沉稳回应是高校应对舆情危机的常用手段,但在该事件中,官方不回应错失良机。如网民"@大雁之行"评论:"一波未平,却又一波又起。这真的是以一个错误去掩盖另一个错误。非常愚蠢!"又如网民"@刘安宁"评论:"因为复旦只有宣传部,没有公关部。因此只能宣传,不能公关。"

媒体中也存在许多这类言论。媒体认为,先不论抄袭事件本身不符合道德或是法律,而是既然发生了,且造成了很坏的社会影响,那么复旦大学应该坦诚地去面对质疑,进行危机公关,主动承认也好,用证据来反驳也行,一言不发,反而火上浇油,造成了舆情的一发不可收拾。如中国新闻网发文《复旦深陷宣传片抄袭危机被指缺乏危机公关意识》称:"相关学者表示在这起危机发生时,复旦的反应不太及时,在自媒体时代,类似事件在一两个小时内就会成为全国的热点事件,相关机构应该在 4 小

---

① 中国日报,拿来文化已成时代病,采集日期:2015 年 9 月 15 日。http://www.china-daily.com.cn/hqcj/xfly/2015-06-03/content_13791239.html

② 新浪微博"@凯雷",采集日期 2015 年 9 月 15 日。http://weibo.com/1496883514/CjY39jkHN? type = comment

时内对事件作出回应,否则事件就会朝着不利、负面的方向发展。而由宣传片制片人、复旦大学宣传部副部长滕育栋出面回应媒体,则又是校方的'败笔'。学者认为,滕育栋本身是事件的当事人,他的回应是要为自己辩解的、不客观的,不应该作为复旦官方的回应。"①官方正式的回应,对于处理此类舆情事件有着重要的作用与影响。

(三) 对当下社会的反思:产权意识的淡薄

对于复旦抄袭原因的分析,部分网民将其归结于产权意识淡薄,如网民"@刘仰"指出:"每一个国家都有自己的文化主权和文化安全,文化主权也是国家主权,文化安全也是国家安全非常重要的一部分,文化主权和文化安全的确立需要我们有充分的自信。而复旦大学形象宣传片事件无非让全社会看到了这个问题在当今中国的严重性,而不只是针对复旦大学的不满。建议上海市和教育部有关领导借此契机,对高校所体现的文化主权、文化安全问题,引起高度重视。"

在复旦抄袭事件引发的讨论之中,部分媒体认为抄袭行为的产生很大一部分是因为当下中国社会缺乏对产权的保护,人们也缺乏相应的产权意识。在这样的大的背景下,复旦的抄袭行为就让人觉着"大家都在抄,那我为什么不可以抄"呢?要知道,借鉴模仿不等于抄袭,抄袭是对知识产权的侵犯。在批评指责复旦抄袭的同时,我们也要反思自我的产权意识建构,如光明网发文《复旦"抄袭门"何以引起轩然大波》称:"知识圣地罔顾知识产权,产权保护何其脆弱……这些正是公众耿耿于怀并久

---

① 中国新闻网,复旦深陷宣传片抄袭危机被指缺乏危机公关意识,采集日期:2015 年 9 月 15 日。http://www.chinanews.com/gn/2015/05-30/7311140.shtml

久难以释怀之处。"①

（四）其他类

部分媒体对复旦抄袭行为的不满在于其创新意识不足，如北京晨报文章《复旦宣传片涉抄袭让人痛心》称"因为高校是社会的道德高地，更是精神高地。追求真理，崇尚独立，追求原创，恪守节操，才是高校的生命所在。"②作为知识前沿的弄潮儿，高校应义不容辞地扛起创新大旗，培育创新意识，完善创新机制。

此外，也有媒体呼吁包容地来看待此事件，如中国青年网文章《上海媒体谈复旦宣传片抄袭事件：呼吁宽容对待》称"复旦拍这个宣传片，想跳出人们司空见惯的问候加祝福的老套路，想展示一个有活力、敢创新的百年名校新形象，出发点也是完全对路的，但是，拍完脑袋没有精耕细作，结果在制作环节出了毛病，弄巧成拙。尽管如此，初衷是好的，是对的。想创新总比不想创新好。"③此类媒体观点所占比例较少。而在网民态度中，复旦宣传片抄袭事件发生之后，虽然呈现出了一边倒的不满与质疑，但也不乏支持复旦的网民评论。如网民"@littledango"："敢于承认就好，即使是让一个学校背一个制作团队的锅，也起码展现出了风度。不过此时无论复旦做什么都会有居心叵测之人继续黑吧。其他的都无所谓，我依以你为傲。"又如，网民"@繁繁繁繁繁繁繁荣 Eric"："作为评判者，我们应当从整体来观看两者，再得出结论，而不能以证实的思维，只观看别人匹配好的片段就说别人是抄袭的，毕竟科学最重要的是证伪而不是证实。"

---

① 光明网，复旦"抄袭门"何以引起轩然大波，采集日期：2015 年 9 月 15 日。http://edu.gmw.cn/newspaper/2015-06/02/content_107004246.htm

② 北京晨报，复旦宣传片涉抄袭让人痛心，采集日期：2015 年 9 月 15 日。http://www.morningpost.com.cn/2015/0529/670361.shtml

③ 中国青年网，上海媒体谈复旦宣传片抄袭事件：呼吁宽容对待，采集日期：2015 年 9 月 15 日。http://news.youth.cn/gn/201505/t20150529_6691795.htm

在这次抄袭事件中,被抄袭对象——东京大学反而成了众矢之的,民族不理性在网民的讨论中时有出现,将问题的矛头假借民族主义情绪转向了反日,以及对抄袭日本的行为的强烈不满。如网民"@美斯福珠宝首饰店"评论"如果复旦学日本却不承认,这是玷污我们老祖宗文明传承! 坚决不能学日本。"又如网民"@暖羊咩咩咩"评论"我想说的是,真没出息,就算抄袭也要抄袭哈佛剑桥之类的,干嘛要抄袭小日本呢?! 丢不丢人,对不对得起八年抗战,有没有羞耻之心! 更关键的是这样看起来很山寨,并没有比东京大学高一个层次,真是丢人丢大了。"

许多网民认为此次复旦宣传片抄袭事件是大环境下的缩影,对当下的教育方式及现状产生了急切忧虑,即看似特殊的抄袭事件其实是普遍存在的,想要改变这个现状就要从教育开始,从源头扼杀这些恶习。如微博大 V"@小和"(财经作家、微博签约自媒体)称:"改革开放其实就是复制别人。淘宝复制了Ebay,当当复制了 Amazon,微博复制了 twitter,联想复制了IBM。连牙刷牙膏、医院和大学也是复制过来的。所以复旦大学复制国外大学宣传片,也在情理之中。与其说是复制,不如说成学习。这是后发国家的特征。唯一不愿复制的是国家制度,因为这是中华民族的自信心所在。"[1]

四、这是一个赋魅的时代

在这个信息化的时代,人们获取的信息呈指数型增长,关注的焦点由事物本身而拓展到了事物背后。特定的身份与角色被赋予了特定的魅力,贴上了神圣的"标签",走向神台,从而脱离

---

[1] 新浪微博"@小和",采集日期 2015 年 9 月 15 日。http://weibo.com/1647225837/Ckc9aEjD5? type = repost＃_rnd1446909825007

对本质的关注,名人效应、名校效应屡见不鲜。

赋魅是一个社会建构的过程,在资本逐利的背景下,特殊的身份群体被赋予了超出本身的特殊意义,演员、歌手、运动员、政府官员等公众人物,在各尽其职的同时,被推向神台,成为标杆。同样是演员,被赋予更多魅力者更受关注,一颦一笑,一举一动,都被无限放大。在复旦大学宣传片抄袭事件舆情案例中,引发人们关注的起点正是复旦作为国内知名高校的身份和与之不符的抄袭行为。

赋魅本身无可厚非,而超出了应有的度,就成了非理性的代名词。对于大众来说,对事物的关注更多集中在其身份背景之上,使得事件被放大,影响加剧。在这种情况下,人们容易被表象所迷惑,忽视背后真正的原因。其次,关注点更多地集中在名人身上,使得这些公众人物压力与动力并存,犯错的成本增加:"欲戴皇冠,必承其重"。俗话说,人非圣贤孰能无过?这种身份认同产生的暴力在影响这些公众人物正常生活的同时,也引导着大众关注误入歧途。一叶障目不见泰山,许多时候,人们对这些事件不问青红皂白而当头棒喝,加剧了社会的不稳定。在言论自由的今天,社会在赋予公众人物更多魅力的同时,也承受着赋魅带来的恶果。

五、祛魅——在这个赋魅的时代

"'赋魅',旨在对'祛魅'的反动。如果说'祛魅'有着解构的意味,那么,'赋魅'则意在建构。而当下'祛魅'是社会的必然选择,就像曾经的欧洲人选择启蒙一样,'祛魅'也是当时国人的最优选择——从某种意义上说,今天依旧如此。"[1]在赋魅的时代,

---

[1] 平中要,《赋魅与祛魅》,共识网,采集日期 2015 年 8 月 31 日。http://www.21ccom.net/plus/view.php? aid=128210&ALL=1

祛魅与理性等同"。

（一）新技术的出现为祛魅提供了平台

互联网技术的日益增进,提供了更多信息获取的途径,移动客户端的出现使得信息传播更快捷。近年来,以微博为主的自媒体的出现,为祛魅提供了可能。在自媒体时代,不同的声音来自五湖四海,"主流媒体"的声音逐渐变弱,人们不再接受被一个"统一的声音"告知对或错,每一个人都在从独立获得的资讯中,对事物做出判断。基于自媒体"平民个性化""低门槛易操作""交互强传播快"的特点,人们的关注点由单一的公众人物扩展到了平凡的个人,过去神圣的公众人物逐渐走下神坛,更接近大众生活。

与此同时,全民直播平台如雨后春笋般的出现,使得生活中平凡的个人从幕后走向台前,增加了个人成为媒体关注焦点的几率,一定程度上减少了公众人物的关注度。民众有了更多的选择,而不再是受限于传统媒体的引导。世人皆知美之为美,斯恶矣。当每一个民众都成为了所谓的"公众人物""媒体焦点"的时候,相对魅力减少,等同于祛魅的增加。

（二）个人理性的建构是祛魅的前提

社会的发展提高了对个人的理性的要求,在祛魅的同时,保持个人的包容与独立,显得尤为重要。面对此次复旦抄袭事件,网民态度呈现一边倒的不满倾向,除去对抄袭行为本身的批评,其中也掺杂着些许仇日情绪,而事实是,日本在这次事件中也是受害者。正视历史,尊重历史之后,是奋发图强,而不是一味仇视。仇恨不会带来发展,不会带来进步,只是带来无尽的痛苦回忆。当民族问题上升为民族不理性,这是社会道德反省力的缺失。面对接踵而至的反日行动,社会上的反日情绪已达到一个高峰。忘记仇恨是一个长久的过程,路漫漫其修远兮,愿理性能取代冲动,思考代替盲从,我们需要的是对事件的反思,而不是肆意让民族不理性占据情感的制高点。

信息时代最大的特点就是我们要面对各种各样不同的信息,真假对错难辨,或许当今网民只能渴望"借我一双慧眼,让我把这世界看得清清楚楚明明白白"。培养自己独立思考的能力,不盲从、不跟风、理性思考,切忌被不可知的第三方力量引入歧途,毕竟我们是思考的人。在此次事件中,通过对比研究,我们不难发现,媒体态度在很大程度上影响着网民的态度,但网民也有自己的态度,在可能的范围里发出自己的声音,于是呈现出了十字路口的向左走与向右走:网民在跟随媒体的同时也保留着自己的态度——这本身就是一个祛魅的过程。

如图2复旦宣传片抄袭事件媒体态度分析图与图3复旦宣传片抄袭事件网民态度分析图所示,其中对复旦抄袭行为的不满占据了主要部分,均超过60%,而对复旦官方回应危机的方式方法质疑的态度也都占了很大比重;除此之外,媒体更多关注的是大环境下的产权与创新意识的缺乏,而网民则更多地表达了对当前教育环境的担忧,以及部分反日的民族不理性言论;而对复旦抄袭行为表示理解和支持的态度在网民中时常显露,而在媒体则鲜有涉及。

不难看出,网民已经不再完全跟随媒体的态度,而是经过思考表达自己的看法,这是时代的进步。主要原因有二,一是信息时代为我们提供了不同的信息来源,便捷而快速的信息获取为我们了解事情的真相提供了可能性;二是知识的不断摄取使我们趋于理性化,面对不同的声音不是盲目跟从,而是经过一番思考之后才发声。这个过程是持续而深远的,当我们在为发出自己的声音感到欣慰的同时,也要清醒地认识到,媒体态度对网民依旧有重要影响。应加强对媒体的监督,减少媒体对网民的误导。在社会学界有着价值中立这一研究法则，即强调在研究的过程中，不能参加个人的价值观点，保持价值无涉。显然完全价值中立很难做到，但这并不妨碍我们拥有理性而独立的灵魂。

正如前文所言，祛魅是当代中国人的最优选择。在呼吁个人理性的同时，也要塑造一个包容的社会风气，打破所谓的偶像与神话。祛魅即解构之前所建构的魅力，祛魅的对象是名人、名校、名地，祛魅的主体是广大民众。祛魅不能一蹴而就，正如赋魅建构之长路漫漫，走下神坛需要更多的勇气与支持，需要社会营造一个包容而理性的氛围。面对舆论热潮，不妨少一份盲从，多一份思考。

后　记

　　研究项目能够付梓出版，总是一件令人快乐的事。但回首整个项目由设想到完成，又总是千头万绪不知从何说起。

　　随着网络的快速拓展和大众参与网络内容塑造与传播的程度不断加深，加之教育与社会群体、家庭成长以及个体发展的交融程度至深，教育网络舆情似乎满眼皆是，已经成为我们生活中不可或缺的一部分。然而，当我们的团队试图对去年的教育网络舆情进行梳理和研究的时候，发现其内容之丰富，参与行动主体之多，利益诉求之复杂，涉及话题之广泛，远远超出我们的最初设想。也因此，团队成员在不断碰撞、讨论、思考以及写作过程中的多次修改后，才得以越来越准确和完整地描述出我国教育网络舆情在2015年的特征与层次，并进行更深度地研究与分析。感谢这个过程，这本书形成的过程，也是我们成长的过程。

　　我们设置了年度总报告、案例分析和专题研究三个部分。开篇尝试通过年度总报告呈现2015年教育网络舆情的总体态势；五个案例较为深入地探讨了典型事件的传播情境，行动主体的互动机制，以及更深层次地放在社会群体与历史脉络中的规律和因果分析；五个专题研究则主要从教育网络舆情的代表性专题，试图从学术研究的切入方式进行探讨。在每个阶段，团队成员都积极推进，不断讨论、修改，一起加班，主动设置完成时间，分工进行成果整理，不完成阶段性任务不休息。作为老师，看到学生们积极行动,主动督促和管理自己,并力求完美的工作作风和责任感,非常欣慰。

感谢上海财经大学人文学院,特别是张雄院长的大力支持,为我们团队提供了优质的研究环境。人文学院 201 会议室一直是我们的研究阵地。感谢人文学院社会学系老师和学生们提供的支持和帮助。感谢人文学院张谦、夏国军、邬蕾老师、宣传部李卫老师和管理学院王琴老师的关心与支持。

感谢人文学院刘长喜老师和他带领的"医疗行业舆情"研究团队,他们在舆情研究方面做的开拓性工作为我们的研究提供了非常好的理论和方法借鉴,在团队讨论和交流的过程中也给了我们很多的启发和帮助。团队中的洪磊、张艳花和王喆三位同学,在毕业前夕非常忙碌的情况下,还把他们在医疗舆情研究中积累的经验和教训无私地传授给我们团队,并在书稿的修改与完善过程中贡献了宝贵的建议和有创造性的意见,在此特别感谢!

最后,感谢家人的理解和支持,你们一直是我们努力向前的动力和温暖的港湾。

王鲁峰　侯劲勋
2016 年 1 月 20 日

图书在版编目(CIP)数据

言传声教　知易行难：2015教育网络舆情研究报告/王鲁峰
等著. —上海：上海三联书店,2017.3
ISBN 978 - 7 - 5426 - 5768 - 8

Ⅰ.①言… Ⅱ.①王… Ⅲ.①计算机网络-应用-教育事业-
研究报告-中国-2015　Ⅳ.①G434

中国版本图书馆 CIP 数据核字(2016)第 290432 号

言传声教　知易行难：2015教育网络舆情研究报告

著　　者 / 王鲁峰　侯劭勋

责任编辑 / 彭毅文
装帧设计 / 汪要军
监　　制 / 李　敏
责任校对 / 张大伟

出版发行 / 上海三联书店
　　　　　(201199)中国上海市都市路 4855 号 2 座 10 楼
网　　址 / www.sjpc1932.com
邮购电话 / 021 - 22895557
印　　刷 / 上海展强印刷有限公司

版　　次 / 2017 年 3 月第 1 版
印　　次 / 2017 年 3 月第 1 次印刷
开　　本 / 890×1240　1/32
字　　数 / 190 千字
印　　张 / 8.75
书　　号 / ISBN 978 - 7 - 5426 - 5768 - 8/G・1448
定　　价 / 28.00 元

敬启读者,如发现本书有印装质量问题,请与印刷厂联系 021 - 66510725